Rodolfo Stancki

Entranhas da imprensa:
teoria e prática dos gêneros jornalísticos

Editora
intersaberes

O selo DIALÓGICA da Editora InterSaberes faz referência às publicações que privilegiam uma linguagem na qual o autor dialoga com o leitor por meio de recursos textuais e visuais, o que torna o conteúdo muito mais dinâmico. São livros que criam um ambiente de interação com o leitor – seu universo cultural, social e de elaboração de conhecimentos –, possibilitando um real processo de interlocução para que a comunicação se efetive.

EDITORA
intersaberes

Rua Clara Vendramin, 58 . Mossunguê
CEP 81200-170 . Curitiba . PR . Brasil
Fone: (41) 2106-4170
www.intersaberes.com
editora@editoraintersaberes.com.br

Conselho editorial
Dr. Ivo José Both (presidente)
Dr.ª Elena Godoy
Dr. Nelson Luís Dias
Dr. Neri dos Santos
Dr. Ulf Gregor Baranow

Editora-chefe
Lindsay Azambuja

Supervisora editorial
Ariadne Nunes Wenger

Analista editorial
Ariel Martins

Preparação de originais
Gilberto Girardello Filho

Edição de texto
Fábia Mariela De Biasi
Viviane Fernanda Voltolini
Arte e Texto Edição e Revisão de Textos

Capa e projeto gráfico
Charles L. da Silva

Diagramação
Regiane Rosa

Equipe de *design*
Charles L. da Silva
Mayra Yoshizawa

Iconografia
Regina Claudia Cruz Prestes

Dados Internacionais de Catalogação na Publicação (CIP)
(Câmara Brasileira do Livro, SP, Brasil)

Stancki, Rodolfo
 Entranhas da imprensa: teoria e prática dos gêneros jornalísticos/Rodolfo Stancki. Curitiba: InterSaberes, 2018.
 (Série Excelência em Jornalismo)

 Bibliografia.
 ISBN 978-85-5972-726-5

 1. Gêneros literários 2. Jornalismo 3. Textos – Produção 4. Textos jornalísticos I. Título. II. Série.

 18-15156   CDD-070

Índices para catálogo sistemático:
1. Gêneros Jornalísticos: Jornalismo   070

Cibele Maria Dias – Bibliotecária – CRB-8/9427

1ª edição, 2018.

Foi feito o depósito legal.

Informamos que é de inteira responsabilidade do autor a emissão de conceitos.

Nenhuma parte desta publicação poderá ser reproduzida por qualquer meio ou forma sem a prévia autorização da Editora InterSaberes.

A violação dos direitos autorais é crime estabelecido na Lei n. 9.610/1998 e punido pelo art. 184 do Código Penal.

Sumário

6	*Prefácio*
10	*Apresentação*
17	*Como aproveitar ao máximo este livro*

Capítulo 01
21 Origens, percepções e o atual estado dos gêneros jornalísticos

22	A gênese dos gêneros discursivos
27	Origem dos gêneros jornalísticos
32	Separação entre opinião e informação
36	O gênero ganha *status* científico
41	Os gêneros na atualidade

Capítulo 02
53 Classificação dos gêneros jornalísticos e o jornalismo de informação

54	Critérios de classificação dos gêneros: forma, conteúdo e finalidade
60	A questão do estilo
63	Gênero informativo

Capítulo 03
94 Princípios do jornalismo de opinião
95 Gênero opinativo
98 Editorial
102 Artigo
106 Coluna
111 Comentário
115 Resenha
119 Crônica
124 Opinião dos leitores

Capítulo 04
135 Interpretação, diversão e utilidades jornalísticas
136 Gênero interpretativo
140 Grande reportagem como subgênero do jornalismo interpretativo
150 Correntes e dilemas teóricos na compreensão dos gêneros jornalísticos
153 Gênero diversional
158 Gênero utilitário

Capítulo 05
169 Difusão dos gêneros em diferentes plataformas jornalísticas
170 Na mídia impressa
177 No rádio
185 Na televisão
193 Na mídia digital

Capítulo 06
203 Dimensões adicionais dos debates sobre gêneros jornalísticos no Brasil
205 Dimensão argumentativa
208 Metajornalismo
212 Crítica ao jornalismo
218 *Ombudsman* no jornalismo
223 Jornalismo gráfico

239 *Estudo de caso*
241 *Para concluir...*
243 *Referências*
251 *Respostas*
255 *Sobre o autor*

Prefácio

Este livro tem como objetivo enfrentar uma discussão de extrema urgência no jornalismo: estabelecer, de forma razoavelmente estável, os limites e as permeações entre os gêneros utilizados na profissão. Conforme será esclarecido ao longo desta obra, a compreensão dos gêneros é de extrema importância, pois ajuda tanto a nortear os leitores (que terão uma ideia mais clara do que esperar – e, consequentemente, do que cobrar – ao consumir um produto jornalístico) quanto a orientar os próprios jornalistas (uma vez que o conhecimento das características de um gênero assegura ao profissional a clareza das funções da narrativa que está produzindo).

E por que essa discussão demanda urgência? Por uma razão simples: vivenciamos hoje momentos de profundas mudanças nas práticas jornalísticas no que diz respeito a vários aspectos, como as rotinas produtivas, as lógicas de circulação e até mesmo os parâmetros éticos que regem a profissão. Entre as modificações observadas, podemos constatar certa nebulosidade entre as fronteiras dos gêneros jornalísticos. Há muita confusão, por exemplo, sobre o que de fato seria uma *notícia* (relato de um acontecimento ocorrido no mundo, da forma mais translúcida possível) e o que seria *opinião* (relato permeado pelos filtros da subjetividade daquele que fala). É preciso ter a clareza de que essa é uma reflexão imprescindível em tempos nos quais convivemos com fenômenos como o das *fake news* – notícias falsas repletas de interesses escusos, que se tornam bem-sucedidas justamente por estar em consonância com uma espécie de desejo coletivo de acreditar apenas naquilo em que já se acreditava previamente. E a atmosfera da consolidação de falsas certezas, definitivamente, não é um ambiente no qual o jornalismo prospera.

Mais do que isso, atualmente observamos certa confusão quanto às noções do que seria um produto jornalístico e do que, em última instância, não seria. Poderíamos, por exemplo, perguntar-nos: Em que medida toda opinião tem (ou não) elementos que a configuram como texto pertencente ao jornalismo? Basta ser gerado por um jornalista para que um texto adquira essa natureza? Essas são questões importantes diante do cenário atual em que há espaço para todos se manifestarem. Portanto, é preciso delimitar fronteiras que assegurem, com mais clareza, onde se encontra o âmago dessa profissão tão fundamental à democracia.

Além disso, há novos formatos que parecem escapar dos limites dos gêneros e, por essa razão, também demandam olhares urgentes. Por exemplo, um testemunho – depoimento de alguém que viu ou vivenciou um acontecimento e que traz a público uma versão carregada ao mesmo tempo de realidade e de parcialidade – pertence a qual gênero? Uma reportagem veiculada na internet, trabalhada em várias linguagens, pertence a um gênero específico? Tais questões precisam ser enfrentadas para que seja possível definir o território ao qual o jornalismo pertence.

Alguém poderia dizer, por outro lado, que esses limites – entre o que é *informação*, *interpretação* ou *opinião* – jamais foram estabelecidos de forma definitiva. Isso é verdade: há uma vasta bibliografia na pesquisa em comunicação que nos garante que a tal objetividade jornalística sempre foi um mito, um ideal nunca alcançado por qualquer jornalista. Não obstante, precisamos ter em mente que a objetividade, ainda que intangível, deve funcionar sempre como uma espécie de mola propulsora fundamental ao trabalho jornalístico – ainda que, inevitavelmente, seja apenas uma meta. Portanto, a noção das fronteiras entre gêneros não deve ser entendida pelo viés da limitação da prática, ao contrário, trata-se de uma ferramenta para explorar cada gênero cotidianamente em suas potencialidades.

É na perspectiva de esclarecer todo esse contexto que o livro *Entranhas da imprensa: teoria e prática dos gêneros jornalísticos*, do jornalista Rodolfo Stancki, configura-se como uma obra bastante oportuna a todos os profissionais, formados e em formação. Com um texto acessível – o que torna a leitura muito adequada aos que pretendem compreender os meandros da produção jornalística –, repleto de exemplos didáticos e de exercícios para que o leitor possa verificar sua aprendizagem, o livro chega em momento muito oportuno, para debater, com muita competência, alguns dos questionamentos que todo jornalista precisa se fazer quando opta por seguir essa profissão. Mais do que isso, a obra traz as ferramentas necessárias para que o jovem profissional tenha segurança de como produzir, de forma eficiente, narrativas jornalísticas em diversas modalidades.

Boa leitura!

Profª. Drª. Maura Oliveira Martins
Jornalista, professora e coordenadora dos cursos de Comunicação Social do UniBrasil Centro Universitário

Apresentação

Antes de decidir assistir a um filme, provavelmente você considere alguns elementos da trama. A escolha pode ser influenciada pela presença de cenas de ação, humor ou medo. O mesmo talvez ocorra na hora de ler um livro. Um enredo de aventura pode atrair mais sua atenção do que um drama romântico.

Uma história, quando transformada em um produto cinematográfico ou literário, naturalmente apresenta características que a aproxima de outras histórias. Coletivos de obras com semelhanças narrativas são chamadas de *gêneros*, que são classificações que levam em conta a finalidade, a forma e o conteúdo. A palavra tem origem no latim *genus-eris*, que "significa tempo de nascimento, origem, classe, espécie, geração" (Soares, 2007, p. 7).

Como uma profissão baseada na contação de histórias do mundo real, o jornalismo também pode ser fragmentado em gêneros narrativos. Há textos que buscam noticiar algo importante para a sociedade, ao passo que outros apresentam ideias e provocam. Algumas reportagens analisam um contexto, outras divertem e prestam serviços ao leitor.

Nesse sentido, conhecer os gêneros do jornalismo é uma maneira de conhecer melhor a profissão e o papel que cada uma de suas formas exerce na sociedade. É um modo de não só aprender a linguagem jornalística, mas também de escrever com tal linguagem.

    Voltado para estudantes de comunicação social, profissionais da imprensa e pessoas interessadas em entender um pouco mais a respeito do universo e da rotina dos jornais, este livro busca investigar a produção jornalística sob a perspectiva dos estilos e formatos narrativos adotados pela imprensa. É um olhar pelas entranhas da principal matéria-prima da profissão: o texto. Por isso, apresentamos aqui um panorama sobre como são e de que maneira funcionam os gêneros jornalísticos na teoria e na prática. Além de debater sobre o posicionamento dos pesquisadores de comunicação a respeito do tema, também discutimos como os próprios jornalistas adotam essas classificações no dia a dia das redações.

    Ter domínio sobre o tema é fundamental para organizar a produção, a circulação e o consumo do conteúdo dos meios de comunicação. Nossa maneira de nos envolver com uma história depende muito dos gêneros discursivos. Usá-los é uma estratégia de mercado. Espaços como o catálogo da Netflix, as seções de uma biblioteca e a estante de uma banca de revistas são ordenados por características de filmes, livros e publicações jornalísticas. Sabemos o que esperar de uma narrativa antes mesmo de chegarmos até ela.

Os gêneros também são úteis na rotina diária da produção de noticiários. Quando recebem uma pauta, os jornalistas geralmente identificam ali o tipo de construção que precisarão redigir. Logo, escrevem com mais facilidade. As classificações também reafirmam o papel social da imprensa, como uma entidade que faz a informação de interesse público circular e oferece opiniões e interpretações sobre aspectos políticos, econômicos e culturais de nossa sociedade.

Neste livro, adotamos cinco gêneros jornalísticos fundamentais, com base na literatura especializada: informativo, opinativo, interpretativo, diversional e utilitário. Essa divisão é fruto de décadas de reflexões sobre a produção dos jornais. No Brasil, autores como Luiz Beltrão, José Marques de Melo e Lia Seixas vêm há anos se debruçando sobre o tema em trabalhos de referência. Suas pesquisas citam classificações adotadas em outros países e, geralmente, reconhecem que o assunto está aberto a novas influências e percepções.

As fronteiras são tênues entre cada espécie de texto. Veremos que os limites entre reportagens informativas, interpretativas e literárias podem ser frágeis em alguns casos. O objetivo aqui, no entanto, não é delimitar com cercas cada gênero, mas oferecer elementos para que possamos compreendê-los e, dessa forma, entender também o próprio jornalismo.

A gênese das discussões sobre os tipos de textos publicados na imprensa está no século XVIII, quando repórteres britânicos passaram a separar a informação da opinião nos jornais. Assim, a notícia se tornava independente do comentário. Essa preocupação originou os gêneros informativos e opinativos, que se tornaram hegemônicos em todas as discussões teóricas sobre o tema.

Notas, notícias, entrevistas e reportagens factuais são textos cujo principal objetivo é a informação levada ao público. Por sua vez, editoriais, artigos, crônicas, comentários e colunas auxiliam a sociedade a formar uma percepção sobre determinado assunto. Essas redações são distintas na finalidade, no conteúdo e na forma como são apresentadas nos jornais. Por muito tempo, esses foram os únicos gêneros aceitos na literatura. O aparecimento de matérias que oferecem análises, associações e contextualizações a partir do período entre guerras no século passado fez surgir o jornalismo interpretativo, que tem na reportagem especial seu maior expoente.

O jornalismo não é feito apenas dos formatos informativos, opinativos e interpretativos. Há produções voltadas para divertir e entreter. Essa é a base do gênero diversional. O diálogo do jornalismo literário e as notícias rasas do sensacionalista, que cumprem o papel de entreter o público, são exemplos desse tipo de produção.

As particularidades na redação de serviços, roteiros, cotações monetárias e meteorologia são a base do jornalismo utilitário. Essas informações não são relatos de fatos, como a notícia, ou ideias e interpretações sociais. Tampouco servem para divertimento, pois circulam na imprensa como utilidades para o leitor.

Para o senso comum, todo texto publicado no jornal é uma matéria ou um artigo. Os dois conceitos são vagos o suficiente para confundir o leitor e, por vezes, até os próprios jornalistas. Essas expressões passam a impressão de que não precisamos nos preocupar em organizar a produção midiática, pois ela é sempre a mesma. Porém, essa percepção faz uma redução do tema e ignora o fato de que o jornalismo é uma forma de conhecimento e, como tal, tem maneiras de se expressar. Não delimitar adequadamente um gênero é ameaçar a clareza da mensagem e prejudicar o papel do jornalismo de informar e de formar o cidadão.

Pelo exposto, propomos, nesta obra, um debate que circula nos dois campos: teórico e prático. Além de mostrar como a literatura acadêmica discute e pensa o tema dos gêneros jornalísticos, também trabalhamos com exemplos publicados na imprensa e com percepções de autores que vivenciaram o dia a dia das redações, como Ana Estela de Souza Pinto, Dad Squarisi e Arlete Salvador.

A estrutura do livro segue essa dualidade entre a teoria e a prática ao longo de seis capítulos. O primeiro capítulo é, de longe, o mais teórico. Inicialmente, discutimos o conceito de gênero discursivo e sua origem, ainda na Grécia Antiga. Depois, partimos para um debate sobre como eles se manifestaram na imprensa e se tornaram objeto de estudo acadêmico. Há também um pequeno resumo dos demais capítulos ao investigar o estado da arte do tema na atualidade.

No segundo capítulo, voltamos à teoria para analisar como a finalidade, a forma e o conteúdo consolidam um gênero. Depois, trazemos uma definição de *jornalismo informativo* fundamentada em seus principais subgêneros: nota, notícia, entrevista e reportagem factual, cada um devidamente detalhado e exemplificado.

No terceiro capítulo, dedicamo-nos ao gênero opinativo. Além da definição de *opinião* em um jornal (mesmo a que nem sempre é declarada), apresentamos as características de formatos como editorial, artigo, coluna, comentário, resenha, crônica e opinião do leitor. Novamente, ilustramos esses subgêneros com exemplos da prática.

No quarto capítulo, introduzimos a ideia de *jornalismo interpretativo*. Esse gênero tem como principal formato a grande reportagem, que aprofunda a narrativa. Em seguida, retornamos ao debate teórico para abordar algumas controvérsias nas definições de gêneros jornalísticos, mais particularmente o diversional e o utilitário. Encerramos essa parte com explicações e exemplos deles.

No quinto capítulo, traçamos um panorama de como os gêneros jornalísticos são adotados em diferentes meios de comunicação. Trata-se de uma abordagem mais voltada para a prática do jornalismo, tentando identificar os principais subgêneros adotados nos meios impressos, radiofônicos, televisivos e *on-line*. Nesse capítulo, ignoramos a fragilidade das fronteiras de cada suporte e levantamos uma lista de formatos adotados em cada plataforma.

O sexto e último capítulo desta obra é o mais autoral, pois propõe discutir questões adicionais ao tema que não são consenso na academia. Daí por que o nomeamos de "Dimensões adicionais dos debates sobre os gêneros jornalísticos no Brasil", o que, inclusive, mostra que tais debates ainda estão abertos a novas contribuições. Inicialmente, oferecemos a percepção teórica de Lia Seixas, que propõe uma maneira de classificar os textos do jornalismo sem levar em conta a finalidade, a forma e o conteúdo. Depois, analisamos a imprensa que fala de si mesma, com o metajornalismo, a crítica de mídia e o *ombudsman*. Por fim, apresentamos uma provocação ao leitor ao propor que o jornalismo gráfico seja considerado um gênero.

Ao final, esperamos que você apreenda os principais conceitos da teoria e da prática dos gêneros jornalísticos. Quem sabe, poderá também ajudar a construir novas classificações, contribuindo para que o tema continue a se desenvolver na academia e no cotidiano das redações.

Boa leitura!

Os gregos foram os primeiros a se preocupar com a definição de tipos narrativos vigentes na Antiguidade Clássica. No Livro II de *A República*, Platão propõe uma divisão das produções literárias a partir do conceito de imitação (*mimese*). Segundo Soares (2007, p. 9), para o autor clássico, "a comédia e a tragédia se constroem inteiramente por imitação, os ditirambos[1] apenas pela exposição do poeta e a epopeia pela combinação dos dois processos".

Apesar da classificação platônica, Aristóteles foi quem trabalhou com mais profundidade a questão dos gêneros na Grécia Antiga. Em *A poética*, ele discorre sobre como os gêneros retóricos serviam como estratégias de convencimento. Para Seixas (2009), essa reflexão aristotélica se tornou uma referência histórica obrigatória para todas as teorias que tentaram pensar e sistematizar os gêneros literários posteriormente.

A autora cita que a contribuição de Aristóteles se resume em duas definições centrais: "1) entre real e ficcional; e 2) entre objetos representados, modalidades de representação e meios utilizados" (Seixas, 2009, p. 17). O contemporâneo de Platão também entende que a imitação exerce um papel fundamental na produção literária, mas um poema, porém, deve ser diferenciado

• • • • •

1   *Ditirambos* são composições poéticas gregas dedicadas a Dionísio, o deus do vinho. São caracterizadas por apresentarem versos irregulares, exaltação e, por vezes, delírio (Ditirambo, 2009).

pelo meio utilizado em sua produção, pelo objeto que deseja imitar e pelas maneiras por meio das quais imita esse objeto. Isso significa que, para o autor clássico, as diferenças entre os gêneros discursivos estariam nas estratégias usadas ao narrar (tom de voz, estilo de versos e linguagem, entre outras), nas situações reproduzidas nas narrativas e nos modos de se consolidar uma história (que poderiam ser narrativos ou dramáticos).

Segundo Seixas (2009), os gêneros aristotélicos dividem-se em tragédia, comédia, epopeia e paródia. Esses tipos de narrativas teriam as próprias finalidades, regras mais rígidas para determinar se um texto pertence ou não a um tipo de gênero e um envolvimento diferente do emissor e do receptor. Por isso, conforme Seixas (2009), as inúmeras correntes de estudos de gêneros que se influenciariam por Aristóteles ficaram conhecidas como **essencialistas**.

Um dos principais propagadores da classificação aristotélica foi Horácio, na Roma Antiga. Adotando o pragmatismo do período, ele atribuiu ao gênero características normativas. Cada tipo de enredo teria métricas e temas que seriam exclusivos. "Dessa forma, eliminava-se a possibilidade de hibridismos." (Soares, 2007, p. 11)

Essa tipificação mais rígida dos gêneros literários foi retomada com força a partir do século XVI, quando passou a ser parafraseada e reafirmada por estudiosos de Aristóteles e Horácio. Alves Filho (2011, p. 18) afirma que, em função disso, durante o século XX, o conceito de **gênero** foi duramente criticado por escritores e pesquisadores da literatura, que compreendiam os gêneros como "uma camisa de força a inibir a criatividade individual".

Outro problema, que Alves Filho (2011) considera advir de uma compreensão equivocada da classificação de Aristóteles, seria o tratamento do gênero apenas como forma, separando-o do conteúdo que veicula. Essa perspectiva levou autores a perceberem essas categorias como "recipientes vazios", a serem preenchidos por diferentes tipos de conteúdo que não alterariam sua essência.

Ao debater o tema, Seixas (2009, p. 27, grifo do original) avalia que a noção de gênero sofreu influência de diferentes paradigmas: "Na época racionalista do **classicismo**, o gênero foi compreendido como valor absoluto, com lei natural que o regia. No **romantismo**, a noção, combatida, não importava e sim sua diversidade e hibridismo. Com o **darwinismo**, volta a substancialidade do gênero, que ditava a gênese do ser".

A autora afirma que o formalismo russo, no início do século XX, introduziu uma perspectiva que relaciona os gêneros à sua evolução histórica. A partir desse fato, a **origem** e o **contexto** usados para determinar uma classificação, portanto, passaram a ser considerados fundamentais no estudo dos gêneros (Seixas, 2009).

Essa nova perspectiva permitiu que grupos de textos semelhantes fossem classificados de maneira diferente sem que isso fosse considerado um problema. Alves Filho (2011) afirma que esse modelo de compreensão é essencial para entender como cada sociedade nomeia seus gêneros, pois, assim, é possível identificar características particulares dessas culturas.

Como consideram aspectos históricos e sociais para serem compreendidos, os gêneros também são categorizações muito flexíveis. "Os gêneros são como os grupos sociais e os seres humanos que os usam: mutáveis, variáveis, dinâmicos, às vezes até mesmo contraditórios e irregulares" (Alves Filho, 2011, p. 20).

Alves Filho (2011) afirma que Bakhtin também pensou os gêneros a partir da interação dos textos com a sociedade. Nessa lógica, os papéis do emissor, do receptor e do contexto de cada produção seriam úteis para entender sua circulação. Atualmente, essa definição é amplamente aceita, especialmente se considerarmos o modo como os gêneros narrativos são apropriados pela sociedade.

"Os gêneros são como os grupos sociais e os seres humanos que os usam: mutáveis, variáveis, dinâmicos, às vezes até mesmo contraditórios e irregulares" (Alves Filho, 2011, p. 20).

Em uma livraria, uma obra pode ser classificada para o consumo com base em diferentes características. Um livro com dicas de turismo pode estar em uma seção específica para guias, mas também pode aparecer em uma área dedicada às obras de determinado país. Se for uma publicação com dicas de lugares que apareceram em clássicos do cinema, o título também pode ser encontrado em um espaço dedicado à sétima arte.

Nesse sentido, conforme Alves Filho (2011, p. 23) defende, devemos levar em conta que as narrativas participam de um gênero, em vez de afirmar que elas pertencem a um gênero: "Os textos podem funcionar em gêneros diferentes, dependendo dos propósitos comunicativos e dos contextos em que foram produzidos".

É possível concluir, por exemplo, que é por esse motivo que você e seu amigo não conseguem concordar quando um filme – que é, ao mesmo tempo, divertido e triste – deve ser categorizado como *drama* ou *comédia*. Nesse sentido, uma obra pode se inserir em dois tipos de gêneros distintos, sem que um exclua o outro.

1.2
Origem dos gêneros jornalísticos

O jornalismo também pode ser classificado por meio de gêneros textuais. Assim como ocorre com a história da literatura, a gênese das classificações jornalísticas remonta aos primórdios da imprensa diária.

Em *Estrutura da notícia*, Lage (1985) resgata que o jornalismo surgiu a partir da necessidade de o ser humano partilhar informações com toda a comunidade. O autor considera que a produção jornalística vai além de um tipo específico de texto, pois é uma forma de conhecimento. Antes do nascimento da imprensa, o saber letrado era restrito a certas classes dominantes no Ocidente.

As revoluções burguesas e a consolidação de uma esfera pública e democrática (Burke; Briggs, 2006) na Europa inverteram essa lógica de concentração de conhecimento na modernidade. Nesse novo panorama, os interesses coletivos precisavam ser mais inclusivos, pois as decisões sobre os rumos das novas nações não poderiam ser excludentes nem autoritárias. Assim, a informação e a opinião se tornaram mercadorias fundamentais para a democracia moderna.

Ressaltamos que a circulação de relatos informativos sempre foi fundamental na organização das cidades. A sistematização dessas informações em publicações periódicas e com amplo alcance de público, porém, só começou com a revolução impressa, no século XV.

Invenções como a impressora de 42 linhas do alemão Johannes Gutenberg, em Mainz, na Alemanha, impulsionaram a disseminação de ideias por meio da nova tecnologia. Um dos entusiastas do novo invento era Martinho Lutero, que se apropriou da imprensa para divulgar os princípios da Reforma Protestante.

Na Europa do início do século XVI, boletins com informações de caráter político e econômico já circulavam pelos centros urbanos e pelas periferias. A primeira publicação temática só de notícias, conta o historiador de mídia Giovannini (1987), data de 1513, em Londres.

Esses primeiros informativos traziam assuntos que, de alguma maneira, interessavam ao público burguês, ainda em ascensão.

O conteúdo dessas produções abarcava crônicas, novelas, informações comerciais e do governo, além de fofocas. Giovannini (1987) identifica, inclusive, uma preocupação desses materiais em apresentar um espaço de diálogo com o leitor por meio da publicação de mensagens da população em uma seção de cartas.

Foi nessas distinções iniciais de conteúdos existentes dos jornais diários que apareceram os primeiros sinais de que os textos jornalísticos poderiam ser segmentados em forma, conteúdo ou finalidade. Com base em pesquisas de Tobias Peucer, Marques de Melo (2012) revela que havia pelo menos dois grandes padrões narrativos vigentes nos jornais do século XVII: as notícias e os relatos jornalísticos, que constituem os primeiros indícios de formação de um gênero **informativo**.

As **notícias** (*novellae*) eram formas de histórias que geralmente traziam fatos recentes sem uma metodologia de organização. Já os **relatos jornalísticos** (*relationes novellae*) apresentavam registros de acontecimentos recentes, que se inter-relacionavam em uma espécie de relação de causa e consequência (Marques de Melo, 2012). É possível pensar que esse segundo tipo de narrativa era semelhante ao que chamamos hoje de *reportagem*.

Por outro lado, a origem do jornalismo **opinativo** mais assumido é ligeiramente posterior e ocorreu nas revoluções burguesas do século XVIII.

Burke e Briggs (2006) afirmam que publicações com textos argumentativos se proliferaram na Revolução Gloriosa, na Inglaterra (1688-1689), na Revolução Americana (1775-1783) e na Revolução Francesa (1789-1799). Essas produções eram feitas, em regra, para defender uma causa, como o nascimento dos governos democráticos, e apontavam a gênese de um espaço específico para a opinião no jornal.

Em países de língua inglesa, o jornalismo opinativo foi concebido por três tipos de textos: o comentário, o artigo e o editorial. Marques de Melo (2012) menciona que, ainda no século XVIII, essas produções apresentavam características particulares. O **comentário** (*comment*) era uma categoria abrangente para produções textuais que apresentavam algum tipo de percepção da realidade. O **artigo** (*citzen comment*), por sua vez, trazia uma opinião bem pessoal, geralmente assinada pelo autor. Já o **editorial** (*publisher comment*) apresentava uma opinião institucional, que representava a empresa responsável pela publicação (Marques de Melo, 2012).

Na França, o jornalismo opinativo tinha outras características. Marques de Melo (2012) afirma que o caráter dos textos produzidos pelos franceses era "essencialmente panfletário", razão pela qual o autor os distingue entre *produções anônimas/difamatórias* e *autorais*, em que se inseriam ensaios e comentários gerais.

A dualidade entre os jornalismos informativos e opinativos se tornou a principal distinção dos conteúdos produzidos pelas redações a partir do século XX. No entanto, começaram a florescer novas classificações para os textos jornalísticos, casos do jornalismo analítico-interpretativo, do jornalismo literário e do jornalismo de serviço (Marques de Melo, 2012).

O jornalismo **interpretativo** surgiu nos Estados Unidos durante a Segunda Guerra Mundial. Como era difícil prever os rumos do conflito, os jornais passaram a analisá-lo para suprir a demanda do público por conteúdos sobre o evento bélico. Posteriormente, no pós-guerra, consolidou-se na Europa o jornalismo **investigativo**.

No Brasil, os textos jornalísticos demoraram a apresentar as características atuais dos gêneros opinativos e informativos. O estilo panfletário chegou em terras nacionais no fim do século XVIII e se popularizou no século XIX. Morel (2008) descreve que essa primeira geração de jornais apresentava conteúdos que não faziam uma clara distinção entre *opinião* e *informação*. "O cotidiano e questões locais misturavam-se com discussões doutrinárias dos rumos que o Estado e a nação deveriam tomar." (Morel, 2008, p. 36)

Essa confusão era frequente na imprensa nacional até meados da década de 1970. Nessa época, os jornais – embora afirmassem que vendiam informações – serviam, e muito, aos interesses de seus proprietários. Em *Chatô: o rei do Brasil*, Morais (1994) esmiúça as estratégias de jornais como *Diários Associados*, *Tribuna da Imprensa* e *Última Hora* em defender suas agendas diante do cenário político nacional. Informações positivas e negativas eram usadas de maneiras distintas para defender ou atacar projetos, como o governo de Getúlio Vargas, na década de 1950. Atualmente, essa segmentação é mais clara nos jornais brasileiros. Os principais manuais de redação e estilo do país definem padrões de redação para cada tipo de gênero adotado por repórteres e editores.

1.3
Separação entre opinião e informação

Villaméa (2008), em um dos capítulos do livro *História da imprensa no Brasil*, afirma que a separação entre opinião e informação nos jornais brasileiros partiu do jornal *Folha de S.Paulo*. Na primeira metade da década de 1980, depois de executar uma reforma em seu aparato tecnológico de impressão, a direção do jornal decidiu adotar um método de organização que restringisse a opinião aos editoriais e artigos.

A autora afirma que a mudança provocou um profundo impacto nos demais jornais brasileiros. Títulos como *Jornal do Brasil* e *Gazeta Mercantil* seguiram a mesma tendência nos anos seguintes, o que permitiu uma cobertura mais independente da política nacional na área informativa. Essas mudanças só foram possíveis com o fim da censura do regime militar (Villaméa, 2008).

A interferência direta de governos em textos jornalísticos parece ser um elemento importante para separar de forma clara os gêneros adotados por um jornal. Marques de Melo (2003) afirma que a opinião só circulou livremente na Inglaterra, na França e nos Estados Unidos depois do fim das censuras prévias sobre as publicações do século XVIII.

A nova liberdade dos editores se tornou fundamental para que o jornalismo assumisse suas principais características: "uma atividade comprometida com o exercício do poder político, difundindo ideias, combatendo princípios e defendendo pontos de vista" (Marques de Melo, 2003, p. 23). Daí nasceu a comentada divisão entre o jornalismo francês, que promovia debates e levantava problemas por meio de textos opinativos, e o praticado nos países de língua inglesa, que apresentavam uma característica bem mais informativa.

Uma das primeiras classificações formais que separava opinião de informação nos jornais foi feita pelo editor inglês Samuel Buckeley, no século XVIII. Para organizar o que era publicado no jornal *The Daily Courant*, Buckeley propôs separar os conteúdos por notícias (*news*) e comentários (*comments*) (Marques de Melo, 2003).

> A nova liberdade dos editores se tornou fundamental para que o jornalismo assumisse suas principais características: "uma atividade comprometida com o exercício do poder político, difundindo ideias, combatendo princípios e defendendo pontos de vista" (Marques de Melo, 2003, p. 23).

Até hoje as discussões sobre essa separação ainda são bastante recorrentes nos debates sobre gêneros jornalísticos. Nos Estados Unidos, a informação era um valor importante para a nova sociedade democrática que surgia a partir do século XVIII e, por isso, o período marcou uma série de refinamentos na metodologia de produção dos conteúdos informativos (Lage, 1985). Dessa forma, o texto noticioso passou a privilegiar a objetividade e deu lugar a uma estranha noção de que poderia ser imparcial ou neutro diante daquilo que relatasse.

Embora ainda esteja presente nas lições das escolas de jornalismo, a questão da isenção no jornalismo deve ser entendida como um ideal a ser alcançado. Conforme explica Marques de Melo (2003), uma empresa jornalística apresenta opinião em toda a sua lógica operacional. A linha editorial, os filtros usados para selecionar o que é relevante ou não e, até mesmo, o vocabulário usado para escrever uma nota informativa podem revelar elementos opinativos.

Chaparro (1994) apresenta, na introdução de seu livro *Pragmática do jornalismo*, o conceito de **fazeres intencionados**[2] nos textos jornalísticos. Segundo o autor, existe um processo muito claro de escolha na prática dos repórteres e editores.

• • • • •

2   Discutiremos mais sobre o tema dos filtros opinativos existentes no jornalismo no Capítulo 2, em que nos debruçaremos com mais atenção sobre os formatos do gênero opinativo.

É fácil imaginar situações similares no dia a dia do jornalista: a dúvida entre o revelar e omitir uma informação que contraria os interesses de certa fonte importante; a decisão de fazer um título positivo ou negativo em relação a um ministro amigo; a opção de colaborar ou não com a polícia, divulgando ou evitando a divulgação de certas notícias; aceitar ou recusar o convite para jantar com gente do governo ou dos departamentos de relações públicas de empresas interessadas em divulgação. (Chaparro, 1994, p. 24)

Kovach e Rosenstiel (2004) defendem que o fazer jornalístico deve ter os interesses do público como prioridade. Isso necessariamente significa que a ideia de *imparcialidade* deve ser deixada de lado, pois o jornalismo precisa defender princípios importantes para a democracia, como a participação igualitária de todos e a consciência na hora de votar. A busca por uma "verdade dos fatos", portanto, poderia ser traduzida como "um processo seletivo que se desenvolve entre a matéria inicial e a interação entre o público leitor e os jornalistas, ao longo do tempo" (Kovach; Rosenstiel, 2004, p. 68).

Em suma, podemos afirmar que um relato jornalístico, mesmo que tencione ser apenas informativo, não se exime inteiramente de opiniões e percepções das pessoas que estão envolvidas em sua concepção. Ter isso em mente nos propicia evitar de parecer demasiadamente inocentes diante de discursos sobre a neutralidade do jornalismo.

Ter consciência de que os limites entre opinião e informação podem não ser tão claramente definidos não implica dizer que os gêneros jornalísticos perdem seu valor. Essas noções de *isenção*, *neutralidade* e *imparcialidade* são apenas heranças (por vezes, mal interpretadas) da defesa da objetividade.

Nos jornais, os textos opinativos ocupam um espaço diferente dos textos informativos. A função e a forma das duas redações também são distintas. A escrita de textos opinativos presume a defesa de ideias por meio de argumentos, que invariavelmente exigem algum tipo de apuração. Por sua vez, os textos informativos recorrem ao formato do lide para apresentar um relato singularizado e, geralmente, breve sobre determinado fato.

Em suma, podemos afirmar que um relato jornalístico, mesmo que tencione ser apenas informativo, não se exime inteiramente de opiniões e percepções das pessoas que estão envolvidas em sua concepção.

1.4
O gênero ganha *status* científico

As primeiras preocupações em classificar os textos jornalísticos em gêneros se referiam às maneiras pelas quais editores e repórteres poderiam organizar o que era publicado nos jornais. Com a popularização dos gêneros no dia a dia das redações, o tema também se tornou objeto de estudos de pesquisas acadêmicas na área da comunicação no século XX.

De acordo com Seixas (2009), as primeiras teorias que se ocuparam em classificar os textos jornalísticos surgiram na esteira da *mass communication research*[3], em meados da década de 1950. Rapidamente, tais categorias foram adotadas em escolas de comunicação para ajudar na organização da produção de conteúdo.

Nos anos de 1960, a Universidade de Navarro iniciou uma tradição de ensino de gêneros na Espanha. A área ganhou publicações e autores que se tornaram muito referenciados na área, como Martínez Albertos, Héctor Borrat e Lorenzo Gomis, entre outros (Seixas, 2009).

Seixas (2009) identifica ao menos três critérios diferentes para a classificação de textos no jornalismo pelos espanhóis. O primeiro leva em conta o suporte; o segundo considera a estrutura de texto; o terceiro avalia a finalidade do material produzido pelo repórter. Nesse sentido, há três gêneros aceitos pelos teóricos espanhóis: o informativo, o opinativo e o interpretativo.

---

3   Escola que se ocupou das primeiras pesquisas sobre cultura de massa nos Estados Unidos. O trabalho de autores como Harold Lasswell e Paul Lazarsfeld é considerado fundamental para o estabelecimento do campo da comunicação social nas ciências humanas. Entre as contribuições da *mass communication research*, estão a teoria da agulha hipodérmica, a teoria de análise de conteúdo e as primeiras pesquisas de recepção (Araújo, 2001).

É interessante observar que, conforme alerta Alves Filho (2011), os gêneros são elaborados também por critérios **culturais**. Isso significa que a percepção dos espanhóis não é, nem de longe, hegemônica. Na tradição teórica e prática de outros países, os pesquisadores e os jornalistas podem levar em conta outras prioridades na hora de criar as próprias classificações.

Nos Estados Unidos, por exemplo, o interesse acadêmico pelo jornalismo tem um viés muito mais voltado para a **prática**. Isso levou os estudos de gênero a funcionarem como uma maneira de mapear o que era produzido nos noticiários norte-americanos. Em um primeiro momento, é possível perceber que existem opiniões e informações objetivas. Cada uma dessas formas de jornalismo se divide em outras tantas, conforme suas peculiaridades.

Na França, a maneira de compreender essa discussão foi semelhante ao que ocorreu nos Estados Unidos, com o objetivo de "descrever e mapear os jornais impressos" (Seixas, 2009, p. 51). O país não criou uma tradição muito forte em pesquisas no campo dos gêneros porque os autores mais recentes costumam questionar a utilidade das classificações, que se misturam (Seixas, 2009). Uma das observações nos estudos franceses é a de que os textos jornalísticos apresentam características que podem se inserir em diferentes tipos de gêneros[4].

• • • • •

4   Esse problema também preocupa outros autores que estudam o tema, conforme analisaremos nos próximos capítulos.

De acordo com Seixas (2009), um dos autores franceses mais influentes nos debates sobre gêneros jornalísticos é Yves Agnès. Na classificação dele, os textos no jornalismo podem ser divididos em: artigos de informação estrita (notícias e sínteses); narrativas (reportagens); estudos (análises e enquetes); opiniões exteriores (entrevistas e mesas redondas); e comentários (editoriais, artigos, críticas e crônicas) (Seixas, 2009).

No Brasil, parece consenso dizer que os estudos de gêneros jornalísticos foram inaugurados por Luiz Beltrão, especialmente com os livros *A imprensa informativa: técnica de notícia e da reportagem no jornal diário* (1969), *Jornalismo interpretativo: filosofia e técnica* (1976) e *Jornalismo opinativo* (1980). Nesses trabalhos, o autor "defendia a divisão entre jornalismo informativo, opinativo e interpretativo, seguindo o critério funcionalista" (Seixas, 2009, p. 56).

Com base nas obras de Beltrão, Marques de Melo (2003) considerou apenas a informação e a opinião como definidores das produções da imprensa brasileira. Nesse sentido, a interpretação integraria a informação. Posteriormente, Marques de Melo (2010) reviu o próprio sistema de classificação e passou a considerar os jornalismos interpretativo, diversional e utilitário[5].

---

5   Nesta obra, consideramos a perspectiva revista de Marques de Melo em nossas classificações, ou seja, a de 2010.

Para estabelecer as características que determinam cada gênero, Marques de Melo recorre a dois critérios: "a intencionalidade determinante dos relatos e a natureza estrutural dos relatos observáveis" (Seixas, 2009, p. 57). De acordo com Seixas (2009), ao menos parte desse modelo de classificação é citado em 100% dos principais trabalhos sobre gêneros jornalísticos no país.

Outro autor nacional relevante para os estudos de gênero no Brasil é Manuel Carlos Chaparro. Sua obra *Sotaques d'aquém e d'além mar: travessias para uma nova teoria dos gêneros jornalísticos* (2008) não propõe uma alteração substancial na maneira de compreender as classificações jornalísticas, mas caracteriza os gêneros como categorias abrangentes, agrupando as variantes em espécies.

O autor propõe duas grandes classes de texto, baseados em esquemas narrativos e argumentativos, o que resulta nos gêneros *comentário* e *relato*. Cada um deles ainda se divide em agrupamentos de espécies: argumentativas e gráfico-artísticas, para o comentário; e narrativas e práticas, para o relato (Chaparro, citado por Seixas, 2009)[6].

Na revisão de literatura que antecedeu a escrita do livro *Gêneros jornalísticos no Brasil*, Marques de Melo (2010) levantou

- - - - -

6   Ainda que Chaparro seja um autor bem citado na área, sua proposta de classificação não é tão aceita quanto a de José Marques de Melo e dos autores do grupo de estudos de gêneros jornalísticos pela Sociedade Brasileira de Estudos Interdisciplinares da Comunicação (Intercom).

uma dezena de outras produções que se dedicaram a definir os limites do debate teórico sobre gêneros no país. Uma das obras que o autor cita é a de Seixas (2009): *Redefinindo os gêneros jornalísticos: proposta de novos critérios de classificação*. Como critério principal de sua classificação, a autora baiana propõe uma reflexão dos gêneros como **estruturas argumentativas**[7].

Com fundamento no trabalho de Seixas (2009), Marques de Melo (2010) justificou a criação de um grupo de pesquisa voltado a estudar os gêneros jornalísticos pela Intercom. As atividades do grupo tiveram início no Congresso Brasileiro de Ciências da Comunicação, em 2009, e já renderam ao menos duas coletâneas com artigos sobre o tema: uma publicada em 2010, e a outra, em 2012.

1.5
Os gêneros na atualidade

Nos dias atuais, é possível afirmar que os gêneros mais aceitos no jornalismo brasileiro são: opinativo, informativo, interpretativo, utilitário e diversional.

Na classificação de Marques de Melo, adotada por outros estudiosos do tema, os textos **opinativos** incluem os seguintes

---

[7] O conceito de Seixas (2009) é relevante a ponto de o discutirmos com mais atenção no Capítulo 6 desta obra. Também abordaremos essas diferentes maneiras de entender os gêneros jornalísticos em um dos itens do Capítulo 4.

formatos: editorial, comentário, artigo, resenha, coluna, crônica, caricatura e carta.

Por sua vez, os textos **informativos** são compostos por nota, notícia, reportagem e entrevista.

O subgênero *reportagem* ainda parece em disputa e geralmente costuma definir a separação entre jornalismo interpretativo e informativo. Alguns autores costumam classificar as reportagens como pertencentes ao campo da interpretação, outros a definem como parte da informação[8]. Para Costa e Lucht (2010), o gênero **interpretativo** seria formado basicamente pela reportagem especial, pela análise, pelo perfil, pela enquete e pela cronologia.

Nos dias atuais, é possível afirmar que os gêneros mais aceitos no jornalismo brasileiro são: opinativo, informativo, interpretativo, utilitário e diversional.

O gênero **utilitário** surge no intuito de servir apenas para dar informações úteis para a vida do leitor. A metodologia de produção, no entanto, difere substancialmente da dos demais. Muitas vezes, sua composição não requer uma apuração refinada nem exclusiva do produto jornalístico. Nos jornais impressos, os principais tipos de textos desse gênero são: indicador, de cotação, roteiro e de serviço (Vaz, 2010).

• • • • •

8 Optamos por manter a reportagem como parte dos dois gêneros, separando-a em factual (gênero informativo) e especial (gênero interpretativo).

Caracterizado como um tipo de produção jornalística cuja finalidade maior é entreter o leitor, o gênero **diversional** tem como expressão máxima o movimento do jornalismo literário. Isso porque sua finalidade é emocionar o leitor, levando-o para um lugar mais próximo da literatura do que do relato noticioso (Assis, 2010).

Ao tentar levantar o cenário dos principais gêneros no jornalismo brasileiro, não podemos deixar de lado o fato de que esse ainda é um campo em construção. Isso significa que essas classificações passam por constantes revisões nas redações e na academia. O debate que indica isso com bastante evidência se revela na maneira como essas discussões se modificam quando os gêneros são abordados em outras mídias.

No **rádio**, a segmentação da programação jornalística varia de forma e tamanho. Lucht (2010) menciona que as rádios brasileiras apresentam o gênero informativo nos seguintes formatos: nota, notícia, *flash*, manchete, boletim, reportagem e entrevista. Já ao gênero opinativo pertencem o editorial, o comentário, a resenha, a crônica, o testemunhal, o debate, o painel, a charge eletrônica, a participação do ouvinte e o rádioconselho.

A pesquisadora ainda verifica que, no Brasil, o gênero interpretativo aparece com bastante intensidade no jornalismo em áudio, dividido em: cobertura especial, perfil, biografia, documentário radiofônico, divulgação técnico-científica e enquete. Ao gênero utilitário pertencem os formatos trânsito, previsão do tempo, roteiro, serviço de utilidade pública, cotação, necrologia e indicados. Por sua vez, o gênero diversional é representado pelas histórias de vida, pelos *features* radiofônicos ou histórias de interesse humano e pelos relatos sensacionalistas (Lucht, 2010).

Na **televisão**, por outro lado, os gêneros jornalísticos se confundem bastante. "É possível, no entanto, detectar para que direção pende mais uma informação jornalística: para o informativo ou para o opinativo" (Rezende, 2010, p. 303). Rezende (2010) defende que os subgêneros de informação mais comuns são a nota, a notícia, a entrevista, a reportagem e o indicador. Dos formatos opinativos, os que aparecem com mais frequência são o editorial, o comentário e a crônica. Há outros menos frequentes, como colunas, charges e participação do telespectador.

A confusão é ainda maior quando buscamos limitar o espaço dos gêneros no **ciberjornalismo**. Como a *web* é um espaço dinâmico e multimídia, com formatos que se modificam graças ao vertiginoso avanço da tecnologia, a classificação de materiais produzidos pelos jornalistas ainda pode ser bastante frágil ao ir além daquelas que aparecem em outros meios.

Bertocchi (2010) contribui para o debate propondo três novas categorias de gêneros possíveis para a internet. A primeira delas, que chama de *sui generis*, ocorre quando surgem formatos exclusivamente *on-line*, como as webreportagens. A segunda classificação prevê critérios geométricos, como o uso de hipertextos para dar tridimensionalidade ao conteúdo produzido pelos jornalistas ou o uso de linguagens multimídias – que quebram a ordem de leitura e garantem mais autonomia para o internauta.

Por fim, a autora propõe uma categoria de gênero para abarcar o que Jenkins, Green e Ford (2014) chamam de *cultura da conexão*. Trata-se dos gêneros coletivos, que são produzidos com base no pacto firmado entre o leitor e o autor.

> Longe de ser o indivíduo que apenas sugere pautas ao repórter, telefona para a emissora, rádio ou envia cartas ao editor de jornal, [o leitor da internet] será cada vez mais aquele cidadão ativo que – como os utentes que abastecem o *Wikinews* e os muitos blogueiros que fazem do seu "jornalismo pessoal" um ato de participação cívica – organiza grupos, ultrapassa as fontes tradicionais de informação e interfere no processo jornalístico contemporâneo. (Bertocchi, 2010, p. 325-326)

Se pudéssemos definir o estado dos gêneros jornalísticos na atualidade, a resposta não viria rapidamente. Atualmente, a discussão teórica sobre o tema ainda se consolida na academia e está, como afirma Marques de Melo (2012), apenas no começo. A instabilidade do debate se intensifica com a crise de consumo e de valores pela qual o jornalismo vem passando já há alguns anos. De qualquer forma, delimitar espaços e formatos ajuda a compreender como o jornalismo funciona, circula e ajuda as pessoas a viverem em sociedade. Discutiremos mais sobre os principais gêneros e suas características adjacentes nos próximos capítulos.

Síntese

Neste capítulo introdutório, apresentamos as origens dos gêneros narrativos. O tema tem seu berço na Grécia Antiga, em trabalhos como os de Platão e Aristóteles, que tentaram classificar os diferentes tipos de produções literárias que existiam na época. Na concepção aristotélica, que se tornou bastante influente após a época do Renascimento, um gênero se caracterizaria pela forma, pelo contexto e pela maneira de narrar. Essa percepção essencialista esteve vigente até meados do século XIX, quando os russos propuseram uma compreensão de gêneros que levasse em conta aspectos mais sociais e culturais para classificar as obras da literatura. Como esse campo de estudos cresceu, passou a ser transposto para outras formas de narrativas, como o jornalismo.

Frutos da revolução impressa do século XV, os textos jornalísticos surgiram de uma demanda social pela circulação de informações. Nos primeiros anos, os jornais não se preocupavam em diferenciar conteúdos informativos dos opinativos. Mas, com o passar dos anos, os próprios editores e repórteres desenvolveram categorias que dividiam os formatos, o que serviu como base para posteriores discussões de gêneros jornalísticos.

Por volta de 1950, os gêneros jornalísticos passaram a ser tema de pesquisas acadêmicas de escolas de comunicação. Esse *status* científico ajudou a consolidar o sistema de classificação, bastante adotado na organização das redações e do material publicado mundo afora. Nesse sentido, é interessante observar como cada cultura trabalha com os gêneros de diferentes formas. Na tradição norte-americana, a dicotomia entre informativo e opinativo é soberana, o que não acontece em países como Espanha, França e Brasil.

Atualmente, opinião e informação são as principais classificações usadas no jornalismo, que ainda inclui os gêneros interpretativo, diversional e utilitário. E os critérios adotados para definir quais conteúdos se inserem nessas classificações variam de um suporte para outro. Outro elemento que pode divergir é a própria definição de cada critério, ainda bastante em discussão na literatura especializada.

Para saber mais

KOVACH, B.; ROSENSTIEL, T. **Os elementos do jornalismo**: o que os jornalistas devem saber e o público exigir. 2. ed. São Paulo: Geração Editorial, 2004.

Essa obra foi bastante referenciada nas redações brasileiras nos últimos anos. Kovach e Rosenstiel buscam resgatar alguns princípios norteadores do jornalismo norte-americano, como objetividade e disposição, para servir à democracia e aos leitores mais do que aos interesses individuais e empresariais. É um livro que serve para refletir a opinião e a informação, que apresentam finalidades entrelaçadas, embora certamente se diferenciam no que tange à forma e ao conteúdo.

MARTINS, A. L.; LUCA, T. R. de (Org.). **História da imprensa no Brasil**. São Paulo: Contexto, 2008.

Coletânea de artigos sobre a história do jornalismo brasileiro, esse livro traça um importante panorama sobre a incursão dos veículos de imprensa no país, apresentando descrições sobre a maneira como esses veículos reproduziam certos tipos de conteúdo. Isso inclui a distinção entre os gêneros informativo e opinativo, muito mesclados nos primórdios das atividades jornalísticas no Brasil.

CHATÔ: o rei do Brasil. Direção: Guilherme Fontes. Brasil, 2015. 102 min.

Cinebiografia do magnata brasileiro da comunicação Assis Chateaubriand, dono dos *Diários Associados*, baseada no livro homônimo do jornalista Fernando Morais. É um retrato interessante dos posicionamentos históricos dos jornais brasileiros quanto à mistura de opinião e informação na produção de conteúdo. O personagem de Gabriel Braga Nunes mescla características dos rivais de Chatô: Carlos Lacerda, do *Tribuna da Imprensa*, e Samuel Wainer, do *Última Hora*.

••

Questões para revisão

1. No que tange ao conteúdo que publica em suas páginas, descreva os principais motivos para que um jornal separe as informações das opiniões.

2. Por que o estudo dos gêneros jornalísticos está em fase de transformação atualmente?

3. Sobre a origem dos gêneros narrativos na Grécia Antiga e sua relação com as classificações atuais, assinale a alternativa correta:

    a) Platão e Aristóteles sugeriram que as narrativas poéticas deveriam ser diferenciadas pelo conteúdo. Se uma história tratasse de uma aventura épica, a esse gênero narrativo ela deveria pertencer.

    b) A percepção de Aristóteles sobre a mimese buscava identificar os gêneros com base na maneira como eles reproduziam a sociedade. Uma narrativa, portanto, seria classificada apenas pelas emoções que conseguisse imitar a partir do cotidiano.

    c) A visão aristotélica de gêneros narrativos inaugurou uma visão essencialista, por atribuir características que posteriormente seriam tratadas como normativas pelos estudiosos do tema. Isso fez a ideia de *gênero* ser criticada por muitos escritores.

d) No século XX, os formalistas russos evoluíram a concepção de *gêneros narrativos*, elaborada por Aristóteles, e incluíram outras formas de narrar uma história além da literatura. É o caso do cinema e do jornalismo.

4. Sobre os primórdios dos gêneros jornalísticos, analise as assertivas que seguem.

   I) As primeiras produções jornalísticas buscavam atender à circulação de informações da sociedade moderna e, portanto, não traziam nenhum tipo de opinião em suas narrativas.

   II) Foi no jornalismo de língua inglesa que apareceram as primeiras preocupações em segmentar a notícia do comentário nos veículos jornalísticos no século XVIII.

   III) As primeiras preocupações com a classificação dos gêneros jornalísticos partiram de estudiosos do gênero.

   IV) A classificação por gêneros nos veículos jornalísticos, ainda no século XVIII, representou uma maneira de organizar para o leitor o que era publicado.

   Agora, assinale a alternativa que apresenta as assertivas corretas:

   a) I.
   b) I e II.

c) III e IV.
d) II e IV.

5. Analise as assertivas a seguir.

   I) Durante o segundo governo do presidente gaúcho Getúlio Vargas, a disputa política ocupou duramente os principais jornais do país. De um lado, os *Diários Associados* e o *Tribuna da Imprensa* atacavam duramente a presidência. Do outro, o *Última Hora*, de Samuel Wainer, defendia o presidente. Essa disputa ocorria por meio de artigos, editoriais e notícias, com vistas a consolidar as críticas ou os elogios feitos ao governante.

   II) Essa disputa ideológica na imprensa pode ser usada como um exemplo da organização do conteúdo jornalístico nos jornais brasileiros da época. Informação e opinião com frequência ocupavam o mesmo espaço nos veículos nacionais nesse período, sem que os repórteres, editores e proprietários das empresas de comunicação se preocupassem com isso.

   Agora, assinale a alternativa correta:

   a) As duas afirmativas estão corretas, e a segunda é uma justificativa da primeira.
   b) As duas afirmativas estão corretas, mas a segunda não explica a primeira.

c) A primeira afirmativa está correta, e a segunda, errada.
d) A primeira afirmativa está errada, e a segunda, correta.

Perguntas & respostas

Os gêneros jornalísticos são uma preocupação recorrente nas redações dos veículos jornalísticos do Brasil?

Não necessariamente. A divisão entre opinião e informação já foi incorporada na lógica de produção da maior parte das redações dos grandes jornais. O tema não é foco de debate entre editores e repórteres, mas a classificação dos textos existe e orienta a respectiva produção.

É possível criar um gênero jornalístico novo?

Talvez. A classificação por gêneros jornalísticos no Brasil é uma defesa da prática da redação e de pesquisadores do tema. Criar um novo gênero pode significar considerar um conteúdo que já existe como uma forma nova ou propor um novo tipo de conteúdo. As possibilidades existem, e as contribuições para debater o tema serão sempre bem-vindas.

Capítulo
02

Classificação dos gêneros jornalísticos e o jornalismo de informação

Conteúdos do capítulo:

- Critérios adotados na classificação dos gêneros jornalísticos.
- A interferências dos gêneros jornalísticos no estilo de redação.
- Critérios adotados para definir nota, notícia, entrevistas e reportagens factuais.

Este capítulo é dividido em duas partes. Na primeira, continuamos o debate de algumas ideias básicas sobre as classificações em gêneros jornalísticos. Inicialmente, discutimos como os textos devem ser separados pela forma, pelo conteúdo e pela finalidade. Na sequência, analisamos o conceito de estilo, critério fundamental para estabelecer como uma narrativa do jornalismo deve ser classificada. Em um segundo momento, tratamos dos principais formatos do gênero informativo, apresentando características e exemplos de notas, notícias, entrevistas e reportagens.

Após a leitura deste capítulo, você reconhecerá os elementos utilizados para identificar um gênero jornalístico e como o estilo de escrita determina uma classificação. Você também compreenderá as características mais básicas dos principais formatos do jornalismo de informação: nota, notícia, entrevista e reportagem.

2.1
Critérios de classificação dos gêneros: forma, conteúdo e finalidade

No capítulo anterior, contextualizamos o debate sobre gêneros jornalísticos, que surgiram da separação entre informações e opiniões na rotina dos jornais. Antes de abordarmos as características relacionadas ao jornalismo informativo e ao jornalismo opinativo, cabe tecer uma ressalva inicial sobre o conceito de gênero.

Comentamos que a ideia de classificar os gêneros como a conhecemos atualmente é originária de Aristóteles, que desenvolveu critérios por meio dos quais se tornou possível separar uma história de outra. Essa separação foi muito útil, pois permitiu uma melhor composição da narrativa, bem como antecipou as expectativas dos leitores e organizou a produção.

Para Campos-Toscano (2009, p. 22), uma definição abrangente de gênero propõe uma "divisão e classificação dos discursos de acordo com sua finalidade comunicativa e pelos meios empregados em sua constituição". A autora defende que, de certa maneira, o conceito dificilmente ultrapassa a noção de *espécie*[1], o que o possibilita agregar diferentes características de um discurso.

Apesar dessa característica abrangente, devemos lembrar que o gênero é apenas uma das muitas maneiras de se categorizar narrativas. Em uma biblioteca, há seções dedicadas a autores, a períodos em que uma obra foi produzida e a movimentos literários. Podemos pensar que um título de Machado de Assis pode ser encontrado em uma prateleira de romances. Se não estiver lá, talvez esteja em uma seção dedicada à literatura brasileira ou, ainda, em um espaço específico para o autor. Tudo depende dos critérios adotados na organização dos livros.

• • • • •

[1] A noção de *gênero* nas ciências sociais pode também ser discutida como definição de identidade sexual. Aqui, no entanto, adotamos o conceito voltado exclusivamente para as produções narrativas, mais especificamente aquelas presentes no jornalismo brasileiro.

Conhecer as regras usadas ao classificar uma notícia ou um artigo é tão importante quanto saber quais são as características básicas dos textos. Por exemplo, gêneros narrativos são sempre convenções; funcionam como um tipo de acordo coletivo, em que todos aceitam que uma história possa ser aproximada de outra para, só assim, ficarem lado a lado.

Seguindo o mesmo exemplo da biblioteca: pense como seria difícil encontrar um livro se as convenções adotadas pelo bibliotecário para classificá-lo não fossem inteiramente compreendidas pelo usuário. Naturalmente, você se perguntaria se há efetivamente uma lógica na organização dos títulos daquele local.

Esses acordos coletivos de classificação variam conforme a sociedade, o período e a região em que o gênero foi concebido. Uma prova disso é que há gêneros que podem ser distintos entre os jornais das capitais brasileiras e do interior. Artigos de Salomão (2010) e de Costa (2010), do livro *Gêneros jornalísticos no Brasil*, analisam como os veículos jornalísticos de cidades pequenas do país segmentam os conteúdos de forma bem distinta de como fazem os grandes jornais das capitais.

Costa (2010, p. 266) afirma que um levantamento que se aprofunde nos veículos jornalísticos do interior do país "mostraria como estão conjugados estes formatos existentes na imprensa e cujas estruturas não podem mais ser definidas pela separação entre opinião, informação e interpretação". Para Alves Filho (2011), isso ocorre porque o espaço em que os gêneros são adotados ou criados geralmente tem leitores que compartilham as mesmas compreensões. Esse contexto cultural "inclui conjuntos de valores, crenças e ideologias que fazem parte de comunidades discursivas que compartilham gêneros" (Alves Filho, 2011, p. 55).

Mesmo com essas considerações, ainda defendemos que os gêneros informativos e opinativos são classificações hegemônicas no Brasil. Isso porque não só essa é a maneira como a academia entende o assunto, mas também porque grandes e pequenos jornais parecem diariamente usar essas denominações na hora de organizar o conteúdo publicado nas redações.

Como essa divisão entre opinião e informação é o aspecto mais importante do debate sobre gêneros jornalísticos, classificações como *jornalismo interpretativo*, *jornalismo utilitário* e *jornalismo diversional* ganham atenção menor da literatura especializada. De certa forma, isso reflete a prática dos jornais diários do país, que dão menos espaço às interpretações, às informações isoladas de interesse público e ao jornalismo literário. Os gêneros jornalísticos debatidos neste livro seguem como critérios de classificação a forma, o conteúdo e a finalidade de cada produção.

Esses acordos coletivos de classificação variam conforme a sociedade, o período e a região em que o gênero foi concebido. Uma prova disso é que há gêneros que podem ser distintos entre os jornais das capitais brasileiras e do interior.

Nesse raciocínio, o jornalismo **informativo** se difere do **opinativo** tanto no conteúdo quanto na finalidade. Uma notícia, por exemplo, é definida como um relato objetivo de um fato, enquanto um artigo faz a defesa de uma ideia. Ambos podem ter o mesmo tamanho, tratar do mesmo assunto e estar lado a lado em um jornal. Porém, um serve para informar, e o outro, para ajudar o leitor a formar uma percepção sobre o tema. A essência do que se lê também muda, assim como a maneira de escrever. Na notícia, busca-se um relato mais objetivo do fato. No artigo, o foco são as percepções e as ideias sobre o tema.

Já o gênero **interpretativo** é, em alguma medida, um desdobramento do informativo (por isso, às vezes, ambos se confundem). A finalidade máxima continua a ser informar o leitor, porém, no texto de interpretação há mais profundidade, explicações e análises (Costa; Lucht, 2010). Isso significa que os formatos para abarcar os textos desse gênero necessariamente são maiores. Sua função não é apenas relatar o que aconteceu, mas ajudar o leitor a compreender os impactos de um fato ou de uma série de fatos. Não por acaso, o representante máximo desse tipo de jornalismo é a reportagem especial, que relaciona dados, entrevistas e descrições, para oferecer ao leitor uma perspectiva mais ampla de um contexto.

É possível argumentar que o gênero **diversional** esteja no limite do gênero informativo, uma vez que geralmente associamos esse tipo de produção às reportagens especiais oriundas do movimento *new journalism*, em que autores como Tom Wolfe, Gay Talese e Truman Capote passaram a adotar um método literário na composição das reportagens. A finalidade desses textos vai além do relato ou da análise de um fato de interesse público, pois permite que o leitor veja no jornalismo uma chance de se entreter, além de se informar (Assis, 2010). Novamente, muda-se o tamanho, a forma e a finalidade do texto. São textos de apreciação, em que o estilo do jornalista pode ser até mais importante do que a pauta.

Por fim, o gênero **utilitário** é descrito por Vaz (2010) como um tipo de produção cuja finalidade é orientar o leitor com informações que lhe sejam úteis durante o cotidiano. Os textos pertencentes a esse gênero são também conhecidos como *jornalismo de serviço* e não costumam ser centrados no relato noticioso de um fato, tampouco oferecem opinião ou interpretação de fatos. Considere como exemplos as seções de meteorologia, praticamente fixas em todos os jornais. O mesmo vale para as dicas de trânsito, as recomendações culturais e o horóscopo. O gênero utilitário também serve como um adicional às matérias de outros gêneros – por exemplo, sugestões de como evitar uma doença logo abaixo de uma matéria de saúde.

2.2
A questão do estilo

A compreensão da ideia de *gêneros jornalísticos* necessariamente passa por uma discussão sobre estilo de escrita, pois a maneira como escrevemos é, muitas vezes, determinante para definir se enquadramos um texto como informativo, opinativo ou interpretativo. Uma mensagem pode ser passada para alguém de diversas formas em um mesmo veículo.

Podemos compreender o estilo como a adoção de uma técnica de redação, que também pode ser incorporada em meios como televisão e rádio. O estilo pode ser pessoal ou ensinado nas escolas de jornalismo. No jargão profissional, simboliza uma maneira de caracterizar um texto[2] – ao usar adjetivos na intenção de deixar o texto mais emotivo, declarativo ou argumentativo.

Squarisi e Salvador (2010, p. 54) afirmam que o estilo é predeterminado pelo gênero: "Conhecer de antemão o gênero que se vai produzir é meio caminho para escrever bem. Funciona como forma de bolo onde as informações assam e crescem".

• • • • •

2   Mais um esclarecimento importante: entendemos que o texto é um elemento fundamental na produção jornalística, independentemente do meio em que o repórter está inserido. Há técnicas de redação utilizadas no rádio, na internet e na televisão. Mesmo em coberturas ao vivo, quando o jornalista improvisa o texto por falta de tempo ou por estar seguro do que dirá diante das câmeras, ele recorre às técnicas de produção de conteúdo que usa na hora de escrever.

Ao discutir o problema da separação entre relato e opinião no jornalismo brasileiro, Genro Filho (1987, p. 33) afirma que a diferença fundamental entre os dois está na "forma de apreensão, hierarquização e seleção dos fatos, bem como na constituição da linguagem (seja ela escrita, oral ou visual) e no relacionamento espacial e temporal dos fenômenos através de sua difusão".

No jornalismo opinativo, parte dessa maneira de se constituir um texto resulta no **lide**. Originado do vocabulário inglês *lead*, que significa "liderança", essa técnica é sintetizada no resumo dos principais elementos acerca de um fato, geralmente com respostas às seguintes perguntas: *O quê?*, *Quem?*, *Como?*, *Onde?*, *Quando?* e *Por quê?*.

Essa técnica de redação também é conhecida como **pirâmide invertida** e aparece nos formatos *nota* e *notícia* do jornalismo opinativo. Também é frequente em reportagens elaboradas nos jornais diários. Para Genro Filho (1987), é essa maneira de escrever que faz o jornalismo ser uma forma de conhecimento cristalizada no singular[3].

Em reportagens mais extensas e analíticas, o lide não basta. É preciso mesclar dados, descrições e declarações. A precisão e a objetividade permanecem, mas a fórmula é ligeiramente mais

• • • • •

3   A leitura da obra *O segredo da pirâmide*, de Genro Filho (1987), é essencial para todos os estudantes de jornalismo no país. É apontado como um dos textos fundamentais para a tentativa de consolidar o campo como uma potencial área das ciências humanas.

livre. "Em essência, constituem trabalho descritivo." (Squarisi; Salvador, 2010, p. 55).

Textos opinativos como o editorial, a resenha, o artigo e a coluna, por sua vez, apresentam características de estilos bem diferentes. Se forem produzidos pelo jornal na condição de instituição, podem ser argumentativos e defender uma opinião específica. Se forem do jornalista ou de um especialista em determinado assunto, podem apresentar um olhar pessoal. Seja qual for o caso, os textos são constituídos por percepções e argumentos, que, na tradição do jornalismo, constroem o entendimento sobre um tema com base em fatos, e não em "achismos" (Squarisi; Salvador, 2010).

O estilo também pode ser o elemento que separa o jornalismo utilitário do informativo. Sem o lide, uma informação como a previsão do tempo apenas representa um serviço para o leitor, que faz as devidas conexões sem esse recurso. O mesmo dado, quando apresentado como um lide, pode ser classificado como informativo.

No jornalismo literário, principal subgênero do jornalismo diversional, o estilo é o que gera a classificação. A escrita aqui se aproxima

> Os textos são constituídos por percepções e argumentos, que, na tradição do jornalismo, constroem o entendimento sobre um tema com base em fatos, e não em "achismos" (Squarisi; Salvador, 2010).

muito mais da literatura e tem a finalidade de entregar ao leitor relatos da vida real com estratégias narrativas convencionalmente adotadas pela ficção. A apuração e a precisão permanecem, mas a maneira de escrever muda substancialmente.

Devemos ter em mente que tais modelos de classificação não são estáticos e rígidos. Também não são correntes que limitam a criatividade do jornalista, pois apenas estabelecem o caminho. O caráter autoral do texto é bastante pessoal. Nesse sentido, a voz do escritor não é engessada pelo lide, pelos argumentos ou por qualquer outra técnica usada nos textos jornalísticos.

Entender a lógica dos gêneros, saber como escrevê-los e identificá-los é parte da rotina jornalística. Por isso, a partir de agora, nosso intuito é esclarecer os principais aspectos de cada formato, usando exemplos práticos. Começaremos com o jornalismo informativo, que, como já dissemos, dividimos nos seguintes formatos: nota, notícia, entrevista e reportagem.

2.3
Gênero informativo

Genro Filho (1987) afirma que é possível pensar a prática jornalística como uma forma de produção de um conhecimento singular, por meio da qual se apresentam fatos isolados e, muitas vezes, desconexos para os leitores. Essa também parece ser a definição de *notícia*, o primeiro grande formato do jornalismo informativo.

Discutiremos aqui os principais formatos desse tipo de texto na imprensa, que, além do relato noticioso, abrange a nota, a entrevista e a reportagem factual.

∴ Notícia

Noticiar um fato recente e de interesse público é mais antigo do que a própria imprensa. Stephens (1993), historiador de mídia norte-americano, aponta traços de narrativas noticiosas na Antiguidade e na Idade Média. O nascimento da imprensa, durante a Era Moderna, facilitou a propagação das notícias e consolidou esse formato como um importante elemento para a nova sociedade burguesa que emergia na Europa durante a revolução impressa dos séculos XV e XVI.

O relato noticioso, portanto, servia a grupos ligados à atividade mercantil. A narrativa do fato era apresentada de forma isolada para os leitores, que, com base nos próprios repertórios, precisavam fazer as devidas conexões sobre os impactos em nossas vidas. Essa característica da notícia de servir como uma descrição pontual de um tema está presente até nos tempos atuais.

Por exemplo, ao ler um relato sobre a alta da inflação que ocorrerá nos próximos dias, você imediatamente fará uma série de conexões mentais que indicarão um potencial aumento nos preços e uma queda em seu poder aquisitivo. Não é preciso ler um texto adicional ou uma análise para que você consiga fazer essa associação.

Lage (1985, p. 16) define *notícia* como "um relato de uma série de fatos a partir do fato mais importante ou interessante; e de cada fato, a partir do aspecto mais importante ou interessante". Para a construção do texto noticioso, portanto, é preciso que o fato passe por um processo de hierarquização da informação – o que é mais importante deve aparecer em primeiro lugar.

Esse processo de hierarquização se consolida no primeiro parágrafo da matéria, o lide. Muitas vezes, esse momento é descrito como a forma mais simples de se relatar um fato, a partir dos principais elementos que o compõem. Como já indicamos, a composição do lide depende da resposta às seguintes perguntas: *O que aconteceu?*, *Quem estava envolvido?*, *Quando ocorreu?*, *Onde ocorreu?*, *Como aconteceu?*, *Por que isso aconteceu?*[4].

Reiteramos que essa fórmula é também conhecida como *pirâmide invertida*, na medida em que apresenta os principais elementos na base e, depois, segue em direção à ponta, onde ficam os detalhes menos relevantes. "A ideia é que, se o leitor não puder ou não quiser ler até o fim, terá obtido o que é fundamental no início." (Pinto, 2009, p. 200).

• • • • •

4   No livro *Jornalismo diário: reflexões, recomendações, dicas, exercícios*, a jornalista Ana Estela de Souza Pinto (2009) ainda adiciona à fórmula as perguntas *Para quê?* e *E daí?* como potenciais elementos de um lide. A proposta é intrigante e mostra que o lide não é um tipo de escrita tão restrita quanto imaginamos ser.

Pensar um texto noticioso é, portanto, pensar uma hierarquia de informações.

A seguir, vamos analisar um exemplo simples de lide noticioso.

> Um homem de 31 anos morreu na tarde domingo (22) depois de ser atropelado no Bairro Doutor Fábio, em Cuiabá. Segundo policiais da Ronda Ostensiva Tático Móvel (Rotam), Eliakim Almada estava em uma motocicleta quando foi atingido por um carro. O veículo era conduzido por assaltantes em fuga. Eliakim trabalhava como jornaleiro na cidade. (Jornaleiro..., 2017)

Como se trata do primeiro parágrafo da matéria, apreendemos os principais elementos do fato logo no início. Há uma resposta para cada uma das perguntas originalmente suscitadas pela fórmula do lide.

O quê? Um homem de 31 anos morreu.
Quando? Na tarde de domingo (22).
Como? Atropelado.
Onde? No Bairro Doutor Fábio, em Cuiabá.
Quem? Eliakim Almada, jornaleiro da cidade.
Por quê? Estava em uma motocicleta quando foi atingido por um carro conduzido por assaltantes em fuga.

O texto continua com detalhes sobre o fato, desdobramentos e informações sobre a vítima. O essencial desse relato noticioso, no entanto, está apresentado no primeiro parágrafo. Não há problema algum se o leitor simplesmente decidir que não quer ler o restante, pois a informação mais urgente e resumida já foi passada.

Para Tresca (2010), a notícia e a nota se diferem dos demais gêneros jornalísticos por estarem diretamente vinculadas a um relato bem objetivo de um fato. Na reportagem, a ação do jornalista é reportar, associando dados e contextos. Justamente por isso, o lide nem sempre funciona em outros subgêneros informativos (ou em outros gêneros de um modo geral).

∴ Nota

As definições de *nota* e *notícia* se confundem bastante. É difícil situar o que significa a nota jornalística sem que haja uma mínima noção da ideia de notícia. Isso porque a nota é usualmente tratada como uma "notícia curta", conforme afirma uma edição antiga do *Manual de Redação* da *Folha de S.Paulo*[5] (Nota, 2018).

As regras para a elaboração da nota são as mesmas aplicadas à notícia, mas a nota se define apenas no uso do lide, isto é, sem as demais informações que complementam o fato. Esse

---

5   Consultamos a edição *on-line* como referência, mas a versão impressa, mais atual, editada em 2001, apresenta apenas o conceito de notícia.

tipo de redação breve pode ser adotado no lugar da notícia pelas mais variadas razões, como falta de espaço, desinteresse pelo fato relatado ou ausência de mais informações sobre o ocorrido.

Na nota, o lide dá conta de explicar os elementos mais importantes do fato. Não é preciso pensar nos desdobramentos ou apresentar mais descrições sobre o que ocorreu.

Na internet, a nota tem sido usada para resumir notícias em postagens de redes sociais, como o Facebook. Também ela vem sendo utilizada para estabelecer uma prévia de um relato de um fato com caráter urgente e que interessa ao público, mas que ainda passará por um processo de apuração para apresentar mais informações ao leitor. Nesse sentido, observe o exemplo a seguir.

> **Estudantes desocupam prédio da UFPR no Jardim Botânico**
>
> [...]
>
> Alunos que ocupavam um edifício usado pelos cursos de Enfermagem e Terapia Ocupacional, no campus Jardim Botânico da Universidade Federal do Paraná (UFPR), deixaram o prédio no início da tarde desta quarta-feira (23). Segundo a assessoria de imprensa da instituição, os estudantes saíram do local antes de receber a notificação de reintegração de posse. Nesta terça (22), a Justiça Federal autorizou a reintegração de todos os nove campi da universidade tomados pelos alunos, inclusive no setor Litoral. [...]
>
> Material cedido pela Editora Gazeta do Povo S.A.

Fonte: Estudantes..., 2016.

O uso da nota é adotado para informar o que é mais importante no fato. Posteriormente, o mesmo texto (no mesmo *link*) ganha outros parágrafos, que adicionam informações sobre a tal desocupação de estudantes. Dessa forma, a nota passa a adotar características de uma notícia. Observe como essas informações foram adicionadas na sequência do parágrafo citado anteriormente:

Estudantes desocupam prédio da UFPR no Jardim Botânico

[...]

A assessoria de imprensa da UFPR disse que ainda a saída dos estudantes foi pacífica e que não sabe quando serão feitas as notificações originadas pela autorização da Justiça. Até às 15h20, a reportagem não havia conseguido contato com integrantes do movimento para obter mais informações sobre a saída do grupo.

Determinação

Em seu despacho, o juiz federal Friedmann Anderson Wendpap considerou as tentativas da universidade em realizar uma conciliação com os alunos e a proximidade com o vestibular. A multa para descumprimento da decisão é de R$ 500 por hora.

Nesta terça-feira (23), os professores da UFPR decidiram que não irão aderir à greve nacional da categoria. Já a assembleia estudantil, realizada no final do dia, não deliberou sobre as desocupações.

Material cedido pela Editora Gazeta do Povo S.A.

Fonte: Estudantes..., 2016.

Não parece uma continuidade natural para o relato? A história, afinal, segue seu rumo. O leitor sempre pode receber mais dados sobre o fato. Esse tipo de acréscimo de informações, adotado principalmente na internet, é um bom exemplo para situar as diferenças entre a nota e a notícia. Em ambos os casos, as técnicas de produção, o estilo de escrita (com o uso do lide) e a intenção não mudam. O que as separa são o tamanho e a necessidade de ser breve na hora de relatar ao leitor o fato que aconteceu.

∴ Entrevista como subgênero informativo

Como texto representante do jornalismo informativo, devemos pensar a entrevista em um formato ligeiramente diferente da notícia e da reportagem. Afirmamos isso porque a entrevista, na prática jornalística, é também uma etapa da apuração que prepara as matérias a serem publicadas em um jornal.

De acordo com Marques de Melo (2003), alguns autores consideram que a entrevista não deve ser separada da reportagem, visto se tratar de uma maneira de oferecer ao leitor um tipo de análise. Discordamos dessa abordagem, pois acreditamos que o método de produção, o estilo da escrita e a intenção das entrevistas são bem diferentes dos demais tipos de subgêneros informativos.

A produção de entrevistas não é exclusiva do dia a dia dos jornalistas. Medina (2001, p. 8) ressalta que esse é um método e um tipo de texto muito adotado nas ciências humanas, pois se refere a uma "técnica de interação social, de interpenetração informativa, quebrando assim isolamentos grupais, individuais, sociais; pode também servir à pluralização de vozes e à distribuição democrática da informação".

A autora afirma que os procedimentos do entrevistador no jornalismo são usualmente menos rigorosos do que a metodologia adotada na academia. Além disso, nas redações, essa prática sempre recorre ao particular, quando as ciências humanas permitem que se ouçam diversos indivíduos ao mesmo tempo.

Lage (2011) propõe uma interessante perspectiva para a diferenciação do uso da entrevista na condição de gênero e de metodologia de apuração. Para esclarecer a ambiguidade do termo, ele defende que o ato de entrevistar no jornalismo significa:

a. qualquer procedimento de apuração junto a uma fonte[6] capaz do diálogo;
b. uma conversa de duração variável com personagem notável ou portador de conhecimentos ou informações de interesse para o público;
c. a matéria publicada com as informações colhidas em (b).

(Lage, 2011, p. 73)

---

6 A ressalva é importante porque efetivamente existem fontes de informação usadas no processo de apuração que não requerem o procedimento da entrevista, como é o caso de documentos e indicadores de bancos de dados.

Uma entrevista, portanto, pode servir a diferentes tipos de textos, informativos ou não. Uma declaração obtida por meio de um diálogo gravado pode facilmente se tornar uma notícia para veículos impressos. Também pode servir a uma reportagem especial analítica ou, até mesmo, ser base para um texto de jornalismo literário, tipo de produção que participa do chamado *gênero diversional*.

A entrevista, em geral defendida como parte do gênero informativo, ocorre no formato de perguntas e respostas. No jargão jornalístico, esse tipo de material é denominado *entrevista pingue-pongue*.

Pinto (2009) alerta que um texto jornalístico só pode ser publicado no formato de entrevista quando o entrevistado tiver algum tipo de relevância na sociedade (um político, um artista ou um pesquisador); apresentar ideias inéditas e excepcionais; ou, ainda, estiver envolvido diretamente em algum fato de interesse social.

A ideia da *entrevista* – desde que mediada por um jornalista – é garantir mais espaço para a fonte. O entrevistador precisa elaborar as perguntas de modo a obter as respostas esperadas pela pauta. Isso geralmente deve ser feito por meio de um extenso trabalho de pré-apuração.

A outra função do jornalista é a edição do conteúdo. Squarisi e Salvador (2010) lembram que essa etapa corresponde à metade do trabalho. O que é registrado no gravador do jornalista é uma conversa bruta, geralmente sem lapidação, que carece de uma organização porque apresenta muitos temas espontâneos, os quais podem nem fazer sentido para quem não estava presente.

É preciso organizar a entrevista, retirar-lhe os excessos, o coloquialismo e os debates que não são coerentes com a pauta. Além disso, o jornalismo sofre naturalmente de um problema de espaço para entrevistas – e precisa reduzir duas horas de conversa em poucas páginas (ou caracteres).

Podemos incluir, ainda, uma terceira tarefa para os repórteres: a apresentação do entrevistado. Em muitos casos, isso funciona como um lide, no qual o leitor é introduzido à fonte, ao tema e ao contexto em que a discussão está inserida.

Observe o exemplo a seguir, de uma entrevista com o Presidente da República Michel Temer para o jornal *O Globo*:

> É preciso organizar a entrevista, retirar-lhe os excessos, o coloquialismo e os debates que não são coerentes com a pauta.

BRASÍLIA – Na primeira entrevista como presidente da República, concedida na manhã de sexta-feira, em Brasília, Michel Temer, de 75 anos, buscou pontuar a diferença entre o governo que se inicia, com apenas 11 dias, e a gestão interina, marcada por recuos e desconfiança: "Vou ser mais presidente". Temer posicionou-se de forma assertiva, e inédita, contra o reajuste dos ministros do STF, uma conta de R$ 5 bilhões, fonte de atrito permanente com a base aliada, PSDB à frente. [...]

Há 11 dias no cargo, o presidente também foi firme em relação às reformas e ao teto de gastos. Seu governo, diz, não abrirá mão do "conceito do teto", que não permite despesas acima da inflação inclusive nas áreas de Saúde e Educação. Por outro lado, Temer ainda parece um tanto desconfortável com a liturgia do cargo, que herdou após o impeachment de Dilma. Não usou a faixa presidencial no Sete de Setembro e nem pretende vesti-la tão cedo. Diz achar "soberba". [...]. (Gripp et al., 2016)

Os dois parágrafos são como um lide e um sublide da entrevista. Se o leitor quiser apenas um resumo, pode recorrer a essas informações iniciais e pular o sistema perguntas e respostas que dá continuidade à entrevista.

O que vai ser diferente a partir de agora?
Olha, vou ser mais presidente da República. E como presidente você muitas vezes precisa tomar decisões que devem revelar autoridade. Muitas vezes, no exercício de um cargo, você acha que chegou lá iluminado por uma centelha divina. E não é bem isso. É claro que na interinidade fui mais cauteloso porque, afinal, poderia não acontecer nada, eu poderia deixar o cargo

logo em seguida. Mas, de qualquer maneira, exerci como se fosse efetivo. Quem exerce a Presidência tem de fazê-lo na sua plenitude. É claro que preciso, a partir de agora, tomar posições que podem desagradar a setores.

Então qual é a posição do senhor sobre o reajuste dos ministros do Supremo?
Isso daí gera uma cascata gravíssima. Porque pega todo o Judiciário, outros setores da administração, todo o Legislativo. Os telefonemas que eu recebi dos governadores foram: "Pelo amor de Deus, Temer, não deixa passar isso."

Essa é uma briga que o senhor comprará?
Não compro contra ninguém, mas em favor do país. Não só eu, mas muitos entendem que não é o momento adequado para isso. Vocês podem até me perguntar: "Ah, mas você não deu aumento para várias categorias?" Mas cheguei aqui e verifiquei que havia acordos firmados em escrito pelo governo anterior. Verba volant, scripta manent (em latim, "palavras faladas voam, a escrita permanece", frase já usada por Temer na carta escrita a Dilma, no ano passado). O que está escrito tem de ser cumprido. Convenhamos, assumi interinamente. Vocês imaginaram servidores do Judiciário parados, do Ministério Público parados, do Tribunal de Contas, Receita, Polícia Federal, com a Olimpíada às portas? [...] (Gripp et al., 2016, grifo do original)

Nesse caso, bem como em outros em que se trate de uma personalidade essencial para o país, o trabalho de edição do material deve ser bastante cuidadoso. As falas de um presidente da República têm impacto direto na política e na economia nacional. Isso não significa que não houve cortes de excessos ou uma reordenação das perguntas para facilitar a coerência do texto. Trata-se de uma técnica natural de orientação desse tipo de produção.

É curioso pensar que a entrevista no estilo pingue-pongue pode ter diferentes formas no jornalismo. Na televisão, ela pode ser entrecortada por imagens que ilustram o que ocorreu, mas também pode ser realizada de modo mais informal. Já nos veículos impressos, o subgênero é certamente mais desafiador, pois precisa transparecer o clima da conversa, evidenciando momentos de descontração e de tensão.

Pinto (2009) cita uma entrevista do ano 2000 com Paulo Maluf, então candidato à prefeitura de São Paulo, como um exemplo de redação de pingue-pongue que revela a agressividade de uma conversa com repórteres. Na ocasião, o candidato disputava o cargo com a petista Marta Suplicy, e os entrevistadores resolveram perguntar sobre sua mudança de postura em relação ao aborto.

Folha Em 3 de setembro de 1989, o sr. disse: 'O aborto para mim deve ser permitido em razões de estupro e do filho que vai nascer defeituoso'. Essa segunda parte é o projeto que Marta Suplicy votou a favor e o sr. critica.

Maluf Sou contra o aborto.

Folha O sr. dizia que era a favor.

Maluf Sou contra o aborto. Sou contra o aborto.

Folha O sr. dizia naquela época que proporia um plebiscito 'sui generis' para discutir o assunto. Só votariam as mulheres para decidir a legalização do aborto. O que é ainda mais amplo...

Maluf Sou contra o aborto.

Folha O sr. mudou de opinião?

Maluf Sou contra o aborto. (Pinto, 2009, p. 143, grifo do original)

Fundado por Jaguar, Tarso de Castro, Sérgio Cabral e Ziraldo, o jornal semanal *O Pasquim* fez história no jornalismo brasileiro ao apresentar um estilo de entrevista bem mais despojado. Aos moldes de um "papo de boteco", as conversas com os entrevistados eram sempre realizadas de forma descontraída e mal pareciam jornalísticas.

É interessante observar como o produto final se distancia substancialmente dos exemplos citados neste capítulo, justamente por tratar o entrevistado de uma forma diferente. Observe o tom da célebre entrevista da atriz Leila Roque Diniz, concedida a *O Pasquim* em 15 de novembro de 1969. Como na versão original, os palavrões foram substituídos por asteriscos dentro de parênteses.

Tarso – Você prefere fazer cinema ou novela de televisão? Porque cinema é meio chato, demorado.

Leila – Que isso? Você está falando para me provocar ou acha mesmo? Cinema é a glória. Eu gosto para (*) de fazer novela e de fazer cinema. Pra mim, não tem a menor importância representar Shakespeare, Glória Magadan ou o que quer que for, desde que me divirta e ganhe dinheiro com isso.

Jaguar – Você acha que teatro é um saco?

Leila – Acho que teatro é um saco. Mas não posso dizer isso porque nunca fiz um troço porreta em teatro! Só fiz papelzinho, papel pequeno. Eu comecei em teatro. Eu comecei com a Cacilda. Ela veio ao Rio fazer "O preço de um Homem", o Vaneau fez teste e eu fiz. Foi em 64. Eu vou fazer cinco anos de atriz.

Jaguar – Com quantos anos você está?

Leila – Vinte e quatro. Bem: eu entrei com a Cacilda. Quando entrei, eu não manjava muito da coisa. Entrei porque não tinha ninguém. Era muito fácil fazer teste: não tinha mais ninguém concorrendo. Entrei lá muito alegre, chorava pra (*) em cada ensaio: "Não sei fazer isso, é (*)" etc. Entrava em cena morrendo de pavor, mas acho teatro chato: aquela coisa de fazer toda a noite a mesma coisa. O que eu acho bacana em cinema e televisão é isso: eu me divirto muito, trabalhando. Geralmente, faço uma zona incrível onde eu trabalho e trabalho sempre com gente que eu gosto. O meu critério de escolha é esse: eu não escolho por peça, autor, diretor ou papel. Escolho pela patota e pelo que eu gosto. Por exemplo: Fiz um filme de cangaceiro agora e muita gente disse: que é isso Leila, filme de cangaço, troço cafona, você é louca. Pois foi a glória da minha vida. Eu tinha o maior (*) de fazer filme de cangaço. Achei sensacional. Trabalhar com o Domingos, por exemplo é divertidíssimo. "Todas as Mulheres" foi muito duro. A gente estava separado só um ano, ainda estava naquela fase de xingar: filho da (*), seu cornudo, foi você que foi culpado, não foi, foi você, aquela zorra. (Diniz, 1969)

É possível perceber que o formato de entrevista, como ocorre em outros subgêneros informativos, está longe de limitar as possibilidades desse tipo de texto. Tudo depende da intenção com a qual o material é produzido e do espaço dedicado a ele na hora da publicação.

É possível alegar que entrevistas mais longas e analíticas sejam objetos do gênero interpretativo. Mesmo o caso da entrevista com Leila Diniz pode ser associado ao jornalismo diversional. A literatura que define o tema ainda é cinzenta sobre esses limites de definição. De qualquer forma, podemos defender que a entrevista pingue-pongue se insere majoritariamente no gênero informativo, uma vez que sua função é informar ao público o que diz o entrevistado. Os demais efeitos produzidos pelo texto, como o fato de fazer rir ou levar a uma interpretação de uma realidade, parecem secundários.

∴ Reportagem como gênero informativo

As reportagens ocupam um lugar de privilégio nas discussões sobre gêneros jornalísticos. Há diversos tipos de reportagem que são reivindicados pelos estudiosos como pertencentes a diferentes espécies de textos.

Geralmente, quando nos referimos apenas à expressão *reportagem*, estamos tratando da reportagem informativa, que é normativamente factual. Reportagens especiais, por sua vez, pertencem ao jornalismo interpretativo, e as reportagens literárias integram o gênero diversional.

De uma forma grosseira, poderíamos separar esses tipos de reportagens pelos meios nos quais elas são, em geral, encontradas. As reportagens **informativas** são mais comuns nos jornais. Já as **interpretativas** são produtos típicos de revistas impressas, e as **literárias** ocupam as páginas dos livros-reportagens. Esse modo de pensar as diferenças pode ser útil, mas não deve, de forma alguma, ser generalizado. Muitos veículos diários apostam em materiais de interpretação e narrativas mais próximas da literatura em suas páginas.

A reportagem é, em essência, um relato ampliado de um acontecimento. Trata-se de uma produção textual que revela detalhes e não se furta de apresentar descrições, antecedentes e depoimentos. No gênero informativo, a diferença em relação à notícia não estaria apenas no tamanho e no acréscimo de informações, mas no modo como os relatos são apresentados.

Sodré e Ferrari (1986) afirmam que o relato noticioso **anuncia** ao leitor o que ocorreu em determinado fato. A reportagem informativa, por outro lado, **enuncia**, pois mostra mais preocupação com a consolidação de uma narrativa, tradicionalmente construída de forma coerente e sequencial.

Para os autores, na reportagem de informação, há uma alteração no discurso, pois trabalha os fatos com base em uma reconstituição da ação, como se ela se passasse no presente. Nesse formato jornalístico, o narrador nem sempre se faz presente; "mais parece que os acontecimentos têm vida própria e se exibem diante do leitor" (Sodré; Ferrari, 1986, p. 21).

As reportagens **informativas** são mais comuns nos jornais. Já as **interpretativas** são produtos típicos de revistas impressas, e as **literárias** ocupam as páginas dos livros-reportagens.

De acordo com Lage (2011), a principal diferença entre a **notícia** e a **reportagem** está no tratamento dos fatos. A reportagem é descrita pelo autor como uma "exposição que combina interesse do assunto com o maior número possível de dados, formando um todo compreensível e abrangente" (Lage, 2011, p. 112). Para Genro Filho (1987), o relato noticioso, geralmente fragmentado e sintético, reflete a singularidade, e a reportagem é um texto mais preocupado em contextualizar o fato para o leitor. No trecho a seguir, escrito pelo jornalista König[7] (2008, p. 59-60), é possível identificar algumas características que se referem a convenções adotadas na classificação de uma reportagem informativa:

> Os receptadores de veículos roubados encontraram uma forma rentável e segura de ganhar dinheiro fácil na fronteira entre o Brasil e o Paraguai. Com o apoio da polícia paraguaia e conhecimento de policiais brasileiros, passaram a cobrar resgate dos proprietários para devolver os carros. Em Foz do Iguaçu, alguns agentes da Polícia Civil fazem a intermediação e conduzem as negociações entre as vítimas e os receptadores. Gravações de áudio e vídeo obtidas pela Gazeta do Povo comprovam a participação dos investigadores civis.

• • • • •

7 Mauri König trabalhou na redação do jornal *Gazeta do Povo*, inicialmente na sucursal de Foz do Iguaçu. Essa matéria, de 2003, foi responsável, na ocasião, pela mudança do jornalista para Curitiba, pois foi ameaçado de morte pela polícia da cidade fronteiriça.

O resgate de um carro, nesta semana, confirmou as relações entre a polícia e os principais receptadores que agem em Ciudad del Este, ligada a Foz pela Ponte da Amizade. Eles usam apelidos e utilizam celulares pré-pagos para falar com as vítimas ou negociar por intermédio de policiais. Um deles, conhecido por Mato Grosso (brasileiro radicado há anos no Paraguai), usa os números 9108-4828 e 9104-7940; Work usa o 9114-0241; Hugo utiliza o 9114-6226 e Oscar usa um número paraguaio (0615-70052).

O sequestro do veículo para posterior pedido de resgate ocorre com mais frequência em Foz, mas há registro também em outras cidades. Os receptadores buscam nos boletins de ocorrências da Polícia Civil o telefone das vítimas para fazer a negociação, muitas vezes intermediada por investigadores da instituição. Relatos e documentos em poder da Gazeta comprovam que os policiais buscam o carro ou levam a vítima até Ciudad del Este para trazê-lo de volta.

Podemos perceber que o tratamento das informações segue evidentemente uma lógica diferente do que usualmente encontramos na notícia. A técnica da pirâmide invertida ainda está lá – apresentando os principais elementos da narrativa no primeiro parágrafo –, mas a forma do texto muda. O repórter estrutura sua narrativa como uma história, cujo enunciado estimula a leitura. Por isso, queremos saber detalhes do caso.

O texto de König (2008) também serve como um bom exemplo de narrativa informativa, visto que se preocupa em revelar o fato. Não se trata de uma matéria de análise, nem está necessariamente preocupada em ser apreciada literariamente. É a informação que está em primeiro plano.

O mesmo parece acontecer no trecho a seguir transcrito, de autoria de Benevides (1996). A matéria é um clássico do jornalismo nacional, republicada na coletânea *A arte da reportagem*:

> O Departamento de Trânsito de São Paulo deu o certificado de propriedade número 964.330 ao senhor Bruce Wayne, o Batman, herói de histórias em quadrinhos. Três dias antes, a polícia havia registrado a queixa do roubo de carro e, mesmo assim, o DET liberou o documento. Em vez de uma reportagem isso poderia ter sido uma vigarice verdadeira, pois um ladrão não teria dificuldades em legalizar um automóvel roubado. Esta denúncia é para evitar que você venha a ser a próxima vítima dos ladrões.
>
> Vender um carro roubado ao Homem-Morcego é uma boa piada, mas aqui ela mostra somente o quanto é fácil vender um carro roubado em São Paulo, onde a polícia recebe em média

> trinta queixas diárias de furtos de automóveis. Essa fantástica operação foi feita em poucos dias, através de um despachante, com a omissão da polícia, a indiferença da fiscalização e uma despesa de oitenta e cinco cruzeiros novos. Mais experiente, um ladrão teria tido menos dificuldade ainda para transferir o seu roubo, registrando-o em nome de alguém tão fictício quanto Bruce Wayne, o Batman.
>
> A transferência de certificados pode ser feita através de despachantes, que exigem apenas o número de um documento do vendedor. Basta o ladrão dispor de um certificado de propriedade do carro e o número da carteira de identidade do verdadeiro proprietário, para conseguir completar a venda sem dificuldades. E esses documentos podem ser falsificados. A venda de um carro roubado ao Batman provou que o Departamento de Trânsito não tem ou não usa meios para impedir isso. Ou que a polícia não comunica de imediato ao Departamento as denúncias sobre carros desaparecidos, e, se comunica, o DET não consulta o cadastro antes de expedir novos certificados.[8]

Roberto Benevides / Abril Comunicações S.A.

Fonte: Benevides, 1996, p. 196.

• • • • •

8 A reportagem de Benevides (1996) foi publicada originalmente na revista *Quatro Rodas*, em 1970. O texto é ocasionalmente usado em escolas de jornalismo para mostrar estratégias de apuração do jornalismo investigativo, visto que o autor simula uma situação para poder descobrir falhas na polícia e no Departamento de Trânsito de São Paulo.

A reportagem de Benevides certamente revela um trabalho instigante de apuração. No aspecto discursivo, podemos observar que também há uma preocupação em enunciar os fatos, ocasionalmente reservando mais detalhes da narrativa para o restante do texto. Temos aqui uma história, e não apenas um relato de um fato.

Sodré e Ferrari (1986) propõem uma divisão de reportagens mediante a maneira como a história é enunciada para o leitor. Por exemplo, a **reportagem de fatos** se apropria da mesma lógica noticiosa. É possível, inclusive, editar o texto em pequenas notícias independentes. Esse tipo de material é bastante comum em coberturas de grandes eventos.

A **reportagem de ação**, por sua vez, diz respeito a um relato descrito como "movimentado", pois geralmente se foca no desenrolar dos fatos. O leitor, nesses casos, envolve-se mais intensamente com o material, pois consegue visualizar os acontecimentos. Muitas vezes, o repórter pode até ser parte da narrativa[9] (Sodré; Ferrari, 1986).

Outros autores ainda dividem as reportagens em *investigativas, de dados* e *de observação*. Essas características parecem não ser determinantes para estabelecer se o texto pertence ao gênero informativo ou interpretativo, justamente porque são critérios

• • • • •

[9] Sodré e Ferrari (1986) também apresentam os seguintes modelos: reportagem documental, reportagem-conto e reportagem-crônica. Como as formas, a finalidade e o tratamento do conteúdo diferem substancialmente nesses casos. Discutiremos esses formatos no Capítulo 4, em que abordaremos o jornalismo interpretativo.

de classificação geralmente estabelecidos pela apuração, e não pelo discurso, como já discutimos no primeiro capítulo deste livro.

Síntese

Neste capítulo, adotamos duas linhas de discussão. A primeira delas retomou uma definição de *gênero* para esclarecer quais elementos são considerados na classificação de um texto. Com base na literatura consultada, podemos afirmar que a finalidade, a forma e o tratamento das informações são características que interferem diretamente no discurso. Os gêneros, no entanto, são apenas um tipo de classificação e se apoiam em convenções, que podem mudar de acordo com a sociedade nas quais estão inseridos. No Brasil, o debate sobre gêneros jornalísticos parece considerar a divisão entre opinião e informação como uma forma hegemônica de classificação.

Para separar os limites da classificação de um texto jornalístico, é preciso também avaliar o estilo – elemento fundamental na construção da forma da narrativa. Se o texto apresenta uma pirâmide invertida, uma estratégia de argumentação ou um caráter mais literário, isso pode ser o suficiente para determinar o gênero ao qual pertence. Essas técnicas de escrita, no entanto, não podem ser vistas como amarras para o repórter, pois há bastante espaço para a criatividade do autor.

A segunda linha de discussão deste capítulo abarcou a definição das principais formas narrativas do gênero informativo, tipo de jornalismo que privilegia a informação para o leitor. A notícia, forma máxima dessa classificação, é descrita como um relato objetivo do fato. Já a nota refere-se a uma versão sintetizada e breve da notícia. Ainda, a entrevista, que pode ser mais comumente conhecida como entrevista pingue-pongue, dá voz à fonte e é sempre mediada por um repórter. A reportagem, por sua vez, não apenas apresenta o fato, mas também o descreve ao leitor, pois atenta para os detalhes e a narrativa de uma história.

Para saber mais

PINTO, A. E. de S. **Jornalismo diário**: reflexões, recomendações, dicas, exercícios. São Paulo: Publifolha, 2009.

Esse livro é referência sobre a prática de jornalismo informativo, principalmente com base no que é praticado pelo jornal *Folha de S.Paulo*. Em um dos capítulos, a autora, que coordena o programa de treinamento de jovens repórteres da empresa, oferece ao leitor diferentes dicas para a escrita do lide, as quais mostram como o formato não limita o estilo e merece mais atenção dos jornalistas no dia a dia da redação.

VASCONCELOS, F. **Anatomia da reportagem**: como investigar empresas, governos e tribunais. São Paulo: Publifolha, 2008. Obra que traz relatos importantes do repórter Frederico Vasconcelos sobre suas reportagens informativas para o jornal *Folha de S.Paulo*. Os capítulos apresentam os bastidores de matérias que tiveram grande impacto social, político e jurídico. Há muitas dicas de procedimentos de escrita e apuração para os jovens jornalistas que buscam se aventurar pelos meandros dos conteúdos investigativos.

SPOTLIGHT: segredos revelados. Direção: Tom McCarthy. EUA: Sony Pictures, 2015. 128 min.
Vencedor do Oscar de Melhor Filme em 2016, essa produção mostra um grupo de jornalistas especializados em grandes reportagens que resolve investigar uma rede de acobertamentos de casos de pedofilia na Igreja Católica. O longa-metragem lida basicamente com os conflitos envolvendo a realização de uma reportagem factual. Trata-se de uma verdadeira ode ao jornalismo e à função social da imprensa.

Questões para revisão

1. Quais são as principais diferenças entre nota, notícia e reportagem factual?

2. Como a entrevista pode ser adotada no jornalismo informativo?

3. Conforme a classificação dos textos da imprensa baseada no debate sobre gêneros jornalísticos, assinale a alternativa correta:
   a) *Gêneros* são classificações narrativas e discursivas que consideram a forma, o conteúdo e a finalidade do material jornalístico.
   b) Gêneros são definidos por critérios de apuração. Se uma matéria demanda um extenso trabalho de investigação, o texto pertence ao gênero investigativo.
   c) O autor, o veículo e a mídia veiculada devem ser sempre levados em conta no momento de definir a qual gênero pertence o texto.
   d) O sistema adotado pelas classificações de gêneros jornalísticos usualmente não considera a prática da profissão nas redações.

4. Sobre a relação entre estilo e gêneros jornalísticos, considere as assertivas a seguir.

I) O estilo de escrita pode ser um elemento determinante na hora de definir o gênero no qual um texto jornalístico se inscreve.

II) As regras de estilo estabelecidas por um gênero devem ser pensadas como elementos inflexíveis que engessam a redação.

III) Escrever na técnica da pirâmide invertida é um exemplo de como o estilo pessoal do autor é limitado pelas discussões dos gêneros jornalísticos.

IV) Os estilos preestabelecidos pelos gêneros e o estilo do autor não são mutuamente anulados na escrita do texto jornalístico.

Agora, assinale a alternativa que apresenta as assertivas corretas:

a) I.
b) I e II.
c) I e III.
d) I e IV.

5. Leia atentamente as assertivas a seguir.

I) A notícia é a matéria-prima do jornalismo. Trata-se de um conhecimento singular, que geralmente é oferecido de forma descontextualizada ao leitor. Para escrevê-la, a técnica mais comum é a da pirâmide invertida, que privilegia uma lógica de apresentação que sintetiza o acontecimento para o leitor a partir das seguintes perguntas: *O quê?, Quem?, Como?, Onde?, Quando?* e *Por quê?*.

II) O relato noticioso é a base para todos os textos do gênero informativo, pois é por meio da pirâmide invertida que essa classificação é estabelecida. Se não há lide com as seis respostas, o texto deve ser entendido como pertencente aos gêneros interpretativo, diversional ou utilitário.

Agora, assinale a alternativa correta:

a) As duas afirmativas estão corretas, e a segunda explica a primeira.

b) As duas afirmativas estão corretas, mas a segunda não explica a primeira.

c) A primeira afirmativa está correta, e a segunda, errada.

d) A primeira afirmativa está errada, e a segunda, correta.

Perguntas & respostas

Os critérios adotados para definir os gêneros jornalísticos são os mesmos no mundo inteiro?
Não. Na verdade, eles podem mudar até mesmo no âmbito do Brasil. Gêneros são definidos por critérios culturais e sociais, o que significa que as marcas e os costumes de cada população podem alterar sua essência. Os obituários, por exemplo, nem sempre são adotados da mesma forma em todos os jornais. Por vezes, esses textos podem ser considerados utilitários. Em outros casos, eles podem adotar estratégias literárias de narrativas e ser caracterizados como diversionais.

Por que as entrevistas pingue-pongue são menos adotadas do que as notícias e as reportagens nos jornais?
Não existe apenas uma única razão. O espaço de um jornal geralmente é limitado para um conteúdo variado. As entrevistas pingue-pongue são mais extensas e dão voz para uma única fonte, ao passo que as notícias e as reportagens costumam ser feitas com vários pontos de vistas, o que as torna mais atraentes para apresentar um ao leitor.

Capítulo
03

Princípios do jornalismo de opinião

Conteúdos do capítulo:

- Formas de opinião no jornalismo.
- Definição de alguns formatos que fazem parte do jornalismo de opinião.
- Tipos de opiniões de leitores no jornalismo.

Neste capítulo, discutimos o gênero opinativo no jornalismo brasileiro. Em um veículo de comunicação, as opiniões aparecem até mesmo em notícias, reportagens e entrevistas, pois o processo de produção de conteúdo informativo é subjetivo e dependente de escolhas. Há, no entanto, tipos de textos cuja finalidade é orientar o leitor a desenvolver percepções e interpretações de certos fatos e temas. É o caso do editorial, do artigo, do comentário, da coluna, da crônica, da resenha e da carta. Analisamos detalhadamente esses formatos nas próximas páginas.

Após a leitura deste capítulo, você constatará a existência de ao menos dois tipos de opinião no jornalismo brasileiro: uma delas evidencia-se pela escolha de pautas, abordagens e fontes, e a outra é dada pelos textos declaradamente opinativos. Além disso, poderá identificar as características e elencar exemplos relativos aos principais formatos de redações opinativas citadas neste livro.

3.1
Gênero opinativo

Como abordamos no primeiro capítulo, a opinião se revela um item indissociável dos jornais brasileiros, mesmo no jornalismo informativo. Marques de Melo (2003, p. 73) defende que os jornais brasileiros se inseriram na sociedade como um aparato ideológico, "influenciando pessoas, comovendo grupos, mobilizando comunidades, dentro das contradições que marcam as sociedades".

Nesse sentido, a linha editorial, segundo o autor, é o principal instrumento de expressão opinativa nos jornais, uma vez que é por meio dos princípios que regem o jornal que os conteúdos informativos são selecionados. Uma notícia de interesse público, por exemplo, pode deixar de ser passada ao público ou ganhar outro enfoque caso contradiga o projeto editorial do jornal.

Há filtros opinativos também na escolha de pautas, coberturas e fontes. A disposição dos conteúdos nas publicações, o uso de títulos e chamadas e a escolha de determinados vocabulários são outros elementos que denunciam a expressão opinativa nos meios de comunicação.

O enquadramento de um texto como pertencente ao gênero opinativo ocorre somente em matérias que defendem ideias ou percepções, pois, nesses casos, o discurso é evidentemente distinto dos usados nos textos informativos, assim como a finalidade. Ao passo que os relatos noticiosos, as entrevistas e as reportagens são objetivos para tratar determinado fato ou assunto, os textos opinativos oferecem ao leitor o olhar de quem os escreveu.

> A disposição dos conteúdos nas publicações, o uso de títulos e chamadas e a escolha de determinados vocabulários são outros elementos que denunciam a expressão opinativa nos meios de comunicação.

Em uma explicação bastante rudimentar para estabelecer a diferença entre as duas formas, professores de jornalismo mencionam que os textos informativos são feitos para informar. Já os opinativos servem para formar (a percepção, o senso crítico e o olhar do público).

Squarisi e Salvador (2010) defendem que os textos opinativos têm a função de oferecer diferentes pontos de vistas, para que o leitor elabore as próprias conclusões. Segundo as autoras, "Estar bem informado não basta. É preciso estar bem informado – entender as notícias, conhecer-lhes as causas e consequências, contextualizá-las e, acima de tudo, ter opinião sobre elas" (Squarisi; Salvador, 2010, p. 76).

Marques de Melo (2003) afirma que a opinião em um jornal parte de quatro núcleos essenciais:

1. a empresa;
2. o jornalista;
3. o colaborador;
4. o leitor.

O autor explica que essas fontes estabelecem os formatos do gênero opinativo. Nesse sentido, as empresas de comunicação são responsáveis pelos editoriais; o jornalista é quem geralmente assina o comentário, a resenha, a coluna, a crônica e o artigo; o colaborador é um especialista, que assina artigos, comentários e crônicas nos jornais; e o leitor escreve suas opiniões por meio da carta (Marques de Melo, 2003).

Nas próximas páginas, analisaremos as características de cada uma dessas formas de textos, com base em exemplos retirados da imprensa brasileira.

3.2
Editorial

O editorial é um texto do gênero opinativo que exprime a opinião do veículo. Tradicionalmente, era comum imaginar que o espaço reservado para essa finalidade expressava também a opinião dos proprietários dos veículos. Marques de Melo (2003) menciona que isso pode ser verdade em jornais de pequeno porte ou que pertencem a famílias tradicionais, mas, em grandes organizações, o editorial reflete uma opinião que se aproxima mais ou menos de um consenso entre os grupos que se envolvem com a realização do jornal, como acionistas, anunciantes e agentes que representam o aparelho estatal. Quando o jornal fere alguma dessas entidades, pode sofrer sanções que afetam diretamente seu subsídio. Como isso não é exatamente raro, os editoriais configuram-se como espaços de contradição (Marques de Melo, 2003).

A escrita do editorial costuma ser realizada por pessoas de confiança da empresa ou por um editorialista. Os autores precisam conhecer bem as políticas e os princípios do veículo, pois a função do texto é a de orientar a opinião pública para determinada direção.

No Brasil, muitos editoriais parecem interessados em discutir os rumos das políticas adotadas pelo Estado. Marques de Melo (2003) chega a alegar que essa prática é um instrumento usado para coagir os governos à defesa de determinados interesses ideológicos, empresariais ou financeiros. Em um momento de crise política, como os períodos que antecederam e sucederam o *impeachment* da ex-Presidente Dilma Rousseff, era possível perceber essa tendência com mais clareza. Observe, no exemplo a seguir, o jornal *O Estado de S. Paulo* defendendo abertamente um ajuste fiscal incisivo realizado pelo Presidente Michel Temer, que assumiu a presidência da República.

> **Compromisso com o ajuste**
>
> [...]
>
> Não são poucos os empresários e políticos que têm questionado a firmeza do presidente em exercício Michel Temer com o ajuste fiscal e o saneamento das contas públicas. E não é para menos: o Brasil que trabalha e paga impostos depositou em Temer e em sua competente equipe econômica a firme esperança de que a irresponsabilidade de Dilma Rousseff seria rapidamente superada, mas agora tem se deparado com uma condução que se mostra errática – ora prometendo a rigidez necessária para superar a crise, ora fazendo concessões que aparentam submissão a interesses paroquiais e corporativos.

A votação, na Câmara dos Deputados, do projeto que trata da renegociação das dívidas dos Estados com a União foi um desses casos emblemáticos, pois a impressão que ficou, para muitos espectadores, foi a de um governo incapaz de fazer frente às pressões do Congresso.

Mas essa impressão – como quase todas as impressões que se prestam mais ao teatro da política – é, no mínimo, incorreta. O que importa observar é se o projeto aprovado é adequado às necessidades do País neste momento – e a resposta é afirmativa.

O governo cometeu erros na tramitação do texto, mas o resultado final está de acordo com a necessidade de urgente ajuste nas contas nacionais. Se o Palácio do Planalto está com dificuldades de convencer a opinião pública desse seu acerto, isso se dá porque se criou uma expectativa irreal de que os Estados seriam submetidos a um sem-número de cláusulas draconianas que os obrigariam a trancar os cofres e jogar as chaves fora. Como algumas dessas cláusulas caíram – entre outras razões porque ou eram inaplicáveis, ou eram redundantes, ou tinham constitucionalidade duvidosa –, configurou-se a imagem de que o governo Temer, especialmente o ministro da Fazenda, Henrique Meirelles, recuou e foi derrotado.

> Mas isso não é verdade. A essência do projeto foi mantida: para terem direito à renegociação de suas dívidas, os Estados terão de limitar o aumento de despesas correntes à correção inflacionária. Nas palavras de Meirelles, essa era "a mais importante de todas as contrapartidas" exigidas dos Estados.

Acervo/Estadão Conteúdo

Fonte: Compromisso..., 2016.

Esse trecho do texto discute como o governo federal deve agir sobre o caso das renegociações das dívidas dos estados. Há, evidentemente, um posicionamento defendido pelo veículo. O editorial chega a dizer quais são as melhores ações, além de criticar a maneira como o projeto foi negociado no Congresso.

Outra observação permitida pelo trecho exposto é o fato de que o editorial é uma produção que precisa ser embasada em fatos, ou seja, demanda apuração, como uma matéria informativa. A máxima se repete em outras redações opinativas no jornalismo: o autor deve argumentar, mas nunca sem dados. "Opine, não ache", defendem Squarisi e Salvador (2010, p. 75).

Na maioria dos veículos brasileiros, o editorial é publicado nas páginas de opinião. Não são produções conhecidas por atrair a atenção do público e, na internet, só ganham destaque quando a repercussão da discussão interessa a um grande número de pessoas. Durante a crise política que culminou no *impeachment* de Dilma Rousseff, era comum perceber editoriais em destaque nas páginas iniciais das versões *on-line* dos jornais que apoiavam a ação.

Em muitas revistas, cuja periodicidade é mais espaçada do que nos jornais, os editoriais também costumam ter a função de apresentar os conteúdos para os leitores. Os editorialistas elencam as principais reportagens e explicam as decisões de pautas. O espaço, não raro, também é usado para relembrar ao público qual é a missão do veículo na sociedade.

O editorial é uma produção que precisa ser embasada em fatos, ou seja, demanda apuração, como uma matéria informativa. A máxima se repete em outras redações opinativas no jornalismo: o autor deve argumentar, mas nunca sem dados.

3.3
Artigo

No senso comum, muitas pessoas usam o termo *artigo* como sinônimo da palavra *matéria*. Geralmente, os dois vocábulos servem para designar qualquer conteúdo que apareça no jornal. No gênero opinativo, no entanto, o artigo representa um estilo de redação muito específico.

Podemos afirmar que o artigo é a forma mais popular dos textos de opinião nos jornais brasileiros. Marques de Melo (2003, p. 121) define essa composição como um espaço "onde alguém (jornalista ou não) desenvolve uma ideia e apresenta sua opinião".

Essa primeira noção do autor é bastante ampla. Muitas vezes, isso facilita que o artigo pareça ser semelhante aos formatos comentário, resenha e coluna. De certa forma, é como se a única grande diferença para o editorial fosse o fato de que o artigo é assinado por alguém.

É preciso resistir à tentação de simplificar o conceito de artigo, especialmente porque a adoção dele no Brasil é bastante distinta em comparação com o que é realizado em países como Inglaterra e Estados Unidos. Os norte-americanos costumam enquadrar todo tipo de texto opinativo no conceito de comentários (*comments*), e os britânicos apresentam os artigos como sinônimos de ensaios (*essays*).

Marques de Melo (2003) menciona que o artigo e o ensaio jornalísticos são muito próximos, pois um é a versão extensa do outro. Em razão do tamanho, o ensaio evidentemente traz mais argumentos e um tratamento de dados mais apurado do que o artigo, que geralmente traz percepções provisórias sobre um assunto (Marques de Melo, 2003). É mais comum que os ensaios sejam publicados em revistas ou cadernos especializados sobre determinado assunto.

O autor também propõe uma segmentação dos tipos de artigos a partir de suas funções. A primeira delas se destina à **divulgação científica**, pois o subgênero é bastante difundido na academia. Os jornais, segundo o autor, esporadicamente publicam conteúdos de cientistas que tratam de novas descobertas em sua área de atuação (Marques de Melo, 2003).

A segunda forma se refere ao **artigo doutrinário**, que mais comumente é conhecido como *artigo jornalístico*. Nesse caso, o autor se apropria de um tema da atualidade e promove uma reflexão com objetivo de alterar a maneira como o público compreende aquele fato.

Em razão do tamanho, o ensaio evidentemente traz mais argumentos e um tratamento de dados mais apurado do que o artigo, que geralmente traz percepções provisórias sobre um assunto (Marques de Melo, 2003).

Marques de Melo (2003) defende que o artigo é a forma textual mais democrática do jornalismo opinativo. Refere-se à maneira por meio da qual a opinião circula para além dos jornalistas e dos editores, não raro transgredindo e contradizendo o que é pregado pelo editorial.

Os artigos também podem ser usados como materiais correlatos aos de outros gêneros, como o de uma reportagem informativa ou interpretativa. Na obra *Manual de redação e estilo para mídias convergentes*, Squarisi (2011) aponta como exemplo a seção "Análise da Notícia", adotada pelos veículos impressos da rede *Diários Associados*. Os textos que pertencem a essa seção, explica a autora, são interpretações dos fatos apresentados no material informativo. "Mostra-lhe o significado e projeta as consequências. Pressupõe domínio do tema e capacidade de explicá-lo ao leitor" (Squarisi, 2011, p. 92).

Acompanhe, a seguir, o exemplo citado pela autora, anexado a uma reportagem intitulada "CPI dos Correios fica nas mãos do governo":

> Embora tenha assegurado a presidência e a relatoria da CPI dos Correios, o Palácio do Planalto tem de dosar a comemoração pela vitória. Apenas a primeira batalha foi ganha. Se não por ter perdido para a oposição dois votos de governistas (com 13 votos assegurados, o candidato da oposição recebeu 15), os governistas terão de ter cautela porque conduzirão os trabalhos, e o resultado de uma investigação é quase sempre incontrolável. Ao assegurar o comando da CPI, o governo pode ter apenas uma vitória de Pierro, sendo forçado a se render a evidências e indícios que não deseja. Venceu o primeiro embate com a oposição, mas pode acabar atropelado pelos fatos que a comissão trará à tona. (Squarisi, 2011, p. 92)

O texto é curto, mas defende claramente uma postura sobre o tema de forma argumentativa. Outro uso bastante comum para esse subgênero diz respeito aos artigos contraditórios, quando os jornalistas convidam dois especialistas diferentes para apresentar suas perspectivas sobre assuntos polêmicos, como a legalização da maconha e do aborto e a participação do Estado na economia nacional. Essa escolha, por apresentar dois lados, reforça a imagem democrática atribuída ao artigo no jornalismo brasileiro.

3.4
Coluna

As colunas são espaços privilegiados em um veículo jornalístico. Quando são assinadas por um único autor, elas tendem a revelar um caráter personalista. O jornalista ou colaborador que assume a tarefa de escrever textos com regularidade rapidamente se torna alguém cuja opinião pessoal reverbera e traz impactos sociais. Antes de ler o texto, o leitor já sabe que tipo de conteúdo vai encontrar.

Uma das maiores características das colunas é sua **pluralidade**. Formatos como notícia, nota, resenhas, críticas, crônicas, comentários, entrevistas e até mesmo reportagens podem aparecer em colunas de autores consagrados. Romancistas e escritores profissionais também usam o espaço para explorar novas maneiras de escrever, abordando diversos assuntos.

Um exemplo desse caso é Luis Fernando Veríssimo. Em sua coluna semanal no jornal *O Globo*, republicada em outros veículos do país, o autor trabalha muito com crônicas ficcionais. No entanto, não é difícil encontrar textos de Veríssimo que também resgatam histórias do passado, discutem filmes recentes e analisam cenários políticos.

Marques de Melo (2003, p. 140) conceitua *coluna* como uma espécie de mosaico, "estruturado por unidades curtíssimas de informação e de opinião, caracterizando-se pela agilidade e abrangência". O pesquisador afirma que esse formato costuma ser uma seção fixa nos jornais. O cabeçalho é sempre o mesmo, e há uma unidade presente em praticamente todos os textos, que pode ser definida pelo autor, pelo tema ou pelo estilo.

A origem da coluna data do século XIX. Nesse período, os grandes jornais dos Estados Unidos passaram a se dedicar mais à circulação de informações. Com o passar dos anos, o público passou a sentir falta de textos mais analíticos. Para suprir essa falta, foram criadas seções dedicadas a profissionais que oferecessem interpretações ou informações exclusivas sobre algum tema. Esses materiais eram diagramados em uma coluna de texto do meio impresso.

> Marques de Melo (2003, p. 140) conceitua *coluna* como uma espécie de mosaico, "estruturado por unidades curtíssimas de informação e de opinião, caracterizando-se pela agilidade e abrangência".

Bond (citado por Marques de Melo, 2003) lembra que as principais colunas do jornalismo norte-americano são segmentadas em: padrão (superficial e de assuntos editoriais usualmente deixados de lado); miscelânea (sem tema específico e com estilo de escrita variável); mexericos (geralmente focada em celebridades); e bastidores da política.

É comum observarmos características desses diferentes tipos de colunas aparecendo atualmente em um único espaço assinado por um autor. É o que acontece no exemplo a seguir, retirado da coluna da jornalista Mônica Bergamo, do jornal *Folha de S.Paulo*.

Após taxa, Carlinhos Brown também pode desistir de Carnaval em SP

Depois da cantora Daniela Mercury, Carlinhos Brown também revê a decisão de fazer um bloco de Carnaval em São Paulo. O músico, que sairia no dia 18 de fevereiro, diz que não tem como desfilar se for mantida a taxa de R$ 240 mil que o prefeito João Doria (PSDB) decidiu cobrar de blocos de fora da cidade para participarem da folia.

TODO MUNDO

"Nesse momento, não tenho nenhuma condição de participar. Os patrocinadores cobrem o trio, estrutura, mas não essa taxa', diz Brown. 'Em Salvador a prefeitura também cobra uma taxa, mas recebe todo mundo. Não tem uma coisa de um bloco de fora ser mais caro do que o de dentro. A gente recebe todo mundo. O que soou para nós é até como se não fôssemos bem-vindos [em São Paulo]."

AR LIVRE
Brown defende que as receitas geradas pelo Carnaval são "muito maiores do que essas taxas". E que a prefeitura deveria arcar com manutenção, limpeza e segurança – justificativa usada por Doria para fazer a cobrança. "Sei que o prefeito está defendendo São Paulo, mas é preciso pensar na cultura brasileira. O Carnaval não tem bairrismo. Chega de muros! Vamos abrir pontes."

PELA CULTURA
O Ministério da Cultura deveria interferir no caso, na opinião de Carlinhos Brown. O bloco dele, Black Rock, já tinha certas as participações de artistas e bandas de rock. "Que vou dizer agora ao Sepultura, ao Angra?"

BANHO DE LUA
A mulher de Sergio Cabral, Adriana Ancelmo, evita tomar banhos de sol na prisão por causa da animosidade de outras presas de Bangu.

> **NA TRILHA**
>
> Assim como o ex-governador do Rio, ela também pensa em fazer delação premiada. Advogados já estariam sendo consultados.
>
> [...]

Fonte: Bergamo, 2017.

Podemos observar que a jornalista constrói a coluna dela com diferentes tipos de nota – uma opção de estilo – que se intercalam sem que todas tenham entre si uma associação direta. O tema adotado pela autora também muda. Começa com um relato de uma notícia sobre a não participação de Carlinhos Brown no Carnaval da cidade de São Paulo. Depois, Bergamo segue com uma informação (quase um mexerico) sobre a mulher do ex-governador Sergio Cabral e, ainda, faz uma nota política sobre a possibilidade de que estes façam uma delação premiada.

Marques de Melo (2003) afirma que a prática de redação de colunas se popularizou no Brasil em meados da década de 1950. Desde então, ela vem exercendo algumas funções sociais. Uma delas é atender a uma vontade do público, geralmente silenciosa, de participar das esferas do poder. A outra se refere a estimular ações, reflexões e, com bastante frequência, provocações nos leitores. A prática do colunismo, por fim, também é um instrumento político do veículo ou do jornalista, que o usa para alimentar a vaidade de pessoas importantes na sociedade (Marques de Melo, 2003).

3.5
Comentário

O comentário é uma prática do jornalismo opinativo que, de modo geral, oferece análises pontuais de fatos que ocorreram em determinado período. Essa produção costuma ser realizada por um profissional da imprensa que é conhecido por ter algum tipo de autoridade no assunto.

No Brasil, os comentários são habituais nas áreas de esporte, política, assuntos internacionais e cultura. Em uma transmissão de um jogo de futebol, o comentarista é aquele que avalia como foi a partida, indica quais são as atitudes que garantiram o sucesso ou o fracasso dos times e indica o que esperar das próximas etapas do campeonato.

Os profissionais que comentam são aqueles que conseguem interpretar um acontecimento. Logo, eles precisam ter um vasto repertório de informações sobre o tema ou a respeito do que aconteceu. É comum também que o comentarista não seja necessariamente um jornalista, uma vez que cientistas políticos, economistas e artistas, entre outros, são convidados a oferecer suas percepções sobre fatos de interesse público que ocorrem no dia a dia.

Em alguns jornais, há colunistas fixos que se dedicam a comentar sobre certas áreas. É o caso do jornalista esportivo Juca Kfouri, que escreve para a *Folha de S.Paulo*. Em seus textos, ele frequentemente analisa eventos e atividades recentes envolvendo os bastidores políticos do futebol no Brasil.

O comentário, em geral, tem uma assinatura individual e, portanto, diferencia-se do formato editorial – que também analisa fatos ou temas do cotidiano –, optando por defender um viés de interpretação sobre eles. Pelo foco específico em situações factuais e temas, esse formato também se distingue do artigo, que é bem mais argumentativo e dedicado à defesa de uma ideia.

Os profissionais que comentam são aqueles que conseguem interpretar um acontecimento. Logo, eles precisam ter um vasto repertório de informações sobre o tema ou a respeito do que aconteceu.

Observe o que afirma Marques de Melo (2003, p. 112-113):

> O comentarista não é um julgador partidário, alguém que faz proselitismo ou doutrinação. É um analista que aprecia os fatos, estabelece conexões, sugere desdobramentos, mas procura manter, até onde é possível, um distanciamento das ocorrências. Isso não quer dizer que seja neutro. Ao contrário, trata-se de um profissional participante, que possui opinião

própria, mas atua como agente da notícia e não procura exercer sua função para extrair vantagens posteriores (cargos públicos/ascensão política).

Marques de Melo (2003) defende que os comentaristas são como juízes, que opinam desinteressadamente na causa, tentando ser justo com os envolvidos. Na televisão e no rádio, o comentário está largamente presente. Há, inclusive, uma palavra específica para se referir ao apresentador de um telejornal ou de um radiojornal que faz comentários sobre as notícias: *âncora*.

No jornalismo impresso, o comentário é presente em menor escala. Esse formato é bastante comum em fatos com maior repercussão, como escândalos políticos, eleições, premiações e grandes tragédias. Na maior parte das vezes, os textos dos comentaristas são publicados como pequenas matérias correlatas à reportagem principal.

Squarisi (2011) destaca um exemplo adotado pelos veículos da rede de comunicação *Diários Associados*. Nesses jornais, há a seção "Palavra do Especialista", que oferece aos leitores um parecer associado a uma matéria de alguém que tem domínio no assunto da pauta.

Em seu *Manual de redação e estilo para mídias convergentes*, a autora apresenta o seguinte trecho para exemplificar o comentário de um especialista (nesse caso, sobre professores que trabalham para manter os alunos nas academias de ginásticas):

Na onda do verão do carnaval, é natural a pessoa querer ficar bonita. Hoje em dia, a forma mais popular é o exercício programado, em que um profissional vai passar a monitorar atividades, evitando risco. Mas é importante o aluno ter consciência de que, mais importante do que o resultado imediato, é aderir ao estilo de vida que o tornará mais saudável.

Ele deve ir ao médico primeiro e, posteriormente, o professor montará um programa de acordo com os objetivos. Não tem como apressar nem determinar em quanto tempo os resultados vão acontecer. É a continuidade que vai trazer os benefícios para a saúde. Muitas vezes as possibilidades que você vê o mercado oferecer ferem os princípios de uma vida saudável.

A mulher fica com neurose de engordar e pode desenvolver uma anorexia. O homem está com aumento de massa muscular e acha que nunca está grande o suficiente. Qualquer resultado fácil e rápido a gente pode desconfiar. O exercício que traz qualidade de vida deve ser encarado como um hábito de higiene e não deve ser interrompido. É como escovar os dentes. (Boia, citado por Squarisi, 2011, p. 88-89)

Perceba como o autor Marcelo Boia é bem explicativo e não centra seu texto na defesa de uma ideia, como ocorre em um artigo. O especialista em educação física apenas relata sua percepção e dá dicas sobre o tema principal, que não se relaciona diretamente com o comentário.

É possível afirmar que os comentaristas se tornaram muito proeminentes na internet. Redes sociais como o Facebook são espaços muito profícuos para quem deseja fazer comentários sobre determinado tema. No jornalismo, esse formato também aparece em *blogs* de repórteres e editores especializados em determinadas áreas, que costumam postar diariamente análises sobre os últimos acontecimentos.

3.6
Resenha

No jornalismo brasileiro, a crítica cultural se tornou gradativamente menor ao longo dos anos. Esse formato perdeu força e se tornou um tipo de redação relativamente mais formal e pré-estruturado. Por conta disso, as análises de obras artísticas publicadas nos veículos mais tradicionais passaram a ser chamadas de *resenhas*.

No senso comum, crítica e resenha se confundem. O jornalista cultural especializado nesse tipo de redação é, inclusive, conhecido como *crítico*. Marques de Melo (2003) explica que o descompasso entre essas duas formas discursivas ocorre porque o texto crítico é consideravelmente mais denso e interpretativo do que a resenha, mais simples e informativa.

O autor alerta que a **resenha** "é atividade propriamente jornalística que se caracteriza por ser um 'comentário breve', quase sempre permanecendo 'à margem' da obra". A **crítica**, por outro lado, dedica-se a "aprender o sentido profundo das obras de arte" e as situa no contexto histórico (Marques de Melo, 2003, p. 131).

A diferença não está apenas na forma. O objeto da crítica também se alterou com o tempo. Antes, o foco dos críticos era a arte. Atualmente, a maior parte das resenhas tem como tema os exemplares da indústria cultural, como grandes espetáculos teatrais, filmes, discos e séries de televisão.

O público dessas duas redações também é distinto. A crítica é voltada para acadêmicos e especialistas, buscando sempre um público iniciado na discussão, que geralmente conhece a obra discutida. A resenha, por sua vez, dirige-se ao consumo popular e costuma obedecer a certos critérios de noticiabilidade para ser publicada.

Uma exposição só é resenhada por um jornalista quando está prestes a abrir as portas para os visitantes. Também, os filmes que são objeto de resenha quase sempre estão próximos de chegar ao cinema ou acabaram de estrear. Livros avaliados pela imprensa costumam ser os que recém chegaram às livrarias.

Nesse sentido, Marques de Melo (2003) ressalta que a resenha se torna um texto cuja função é bastante utilitária. O autor destaca que os textos desse formato ajudam o público a ter uma noção do recente mercado de produções culturais e, ainda, auxiliam-no a investir em obras que considera de boa qualidade. Outras funções seriam apontar elementos em que o público deve se focar e distinguir a novidade do que é tradicional.

Em um ensaio para o livro *Rumos da crítica*, Coelho (2007, p. 88) assevera que a resenha jornalística estimula a experiência de apreciação de um produto cultural: "Uma crítica negativa pode ser injusta, pode ser que não concordemos com ela, mas se for bem-feita, tornará nossa experiência da obra 'melhor' para nós mesmos".

Podemos observar traços dessas finalidades apontadas por Coelho (2007) e Marques de Melo (2003) em um breve texto de Inácio Araújo sobre *Matrix*, filme de ficção científica existencial dirigido pelos irmãos Wachowski. Na ocasião em que o texto foi publicado, em 2007, o longa-metragem seria reprisado em um canal de televisão fechada.

"Matrix" explora realidade e simulacro

Certos sucessos se devem à capacidade dos filmes de detectar a preocupação das pessoas naquele momento. Em "Matrix" (TNT, 19h15), Keanu Reeves, aliás Thomas Anderson, é informado a horas tantas de que o mundo ao seu redor não é bem o mundo ao seu redor, é só um universo virtual.

> Há um engano, na verdade uma conspiração que pode lembrar, pelo que tem de complexo, um filme noir. Há, claro, um lado ficção científica – e como parte dela os rebeldes.
>
> "Matrix" foi feito mais ou menos ao mesmo tempo em que o "eXistenZ", de David Cronenberg, em 1999. Dos dois, emplacou o filme dos irmãos Andy e Larry Wachowski. Não que seja melhor. Cronenberg propõe uma contaminação da realidade pela realidade virtual dos games: viver e jogar (no caso, de dentro do jogo) se tornam coisas indistintas. Menos inquietante, "Matrix" capta melhor o medo de que o conceito de realidade se deteriore até o ponto em que a vida e a imagem da vida, a realidade e o simulacro não sejam distinguíveis.
>
> A preocupação é legítima, embora no dia a dia se manifeste de forma menos apocalíptica. Quem se prepara para ver este filme pode fazer a experiência, detendo-se no noticiário da TV e fechando os olhos. Apenas escutando, notará que a TV narra a notícia como um conto de fadas. Diante do noticiário que impede o raciocínio, somos todos infantilizados, e é como crianças – incapazes – que passamos a viver a vida.

Inácio Araújo/Folhapress

Fonte: Araujo, 2007.

O autor do texto pretende oferecer apenas um comentário sobre o filme, dado o espaço reservado no jornal à resenha. Nesse trecho, ele orienta o leitor quanto a narrativa da obra, informações técnicas do elenco e obras semelhantes. Também tenta associá-lo a uma representação da realidade, o que, de certa forma, serve como um elemento que busca aprimorar a experiência do espectador.

Nos últimos anos, os jornais têm reservado cada vez menos espaços para as resenhas, pois esse subgênero se popularizou intensamente na internet, a ponto de democratizar o processo de avaliação de filmes, livros e peças de teatro.

O novo cenário nem sempre garante um conteúdo independente e preocupado com o público, visto que as grandes empresas adotam muitas estratégias (distribuição de brindes, acesso exclusivo à obra e postagens patrocinadas) para garantir que seus produtos continuem a ser comentados pelos críticos. Por outro lado, a produção de resenhas de forma colaborativa e voluntária (sem o filtro jornalístico associado aos interesses e espaços cedidos por uma única empresa) abre espaço para destacar obras mais independentes.

3.7
Crônica

A crônica é uma forma de texto não exclusiva do jornalismo. Configura-se como uma narrativa que tem sua base no mundo material, mas adota liberdades típicas da ficção para construir seu enredo.

No dia a dia das redações jornalísticas, a crônica tem outra feição. Os cronistas da imprensa brasileira usualmente publicam textos que se parecem mais com a notícia e a reportagem. São produções que relatam fatos de forma relativamente fiel, mas com o uso recorrente de recursos da literatura.

A diferença mais relevante em relação às matérias de cunho informativo, no entanto, é a de que o autor da crônica faz comentários valorativos sobre o que narra. Costumeiramente, ele também oferece reflexões sobre o fato para o leitor. Autores brasileiros como Carlos Drummond de Andrade, Rubem Braga e Fernando Sabino iniciaram uma tradição de produção de crônicas nos jornais do país em que se privilegia a dinâmica da notícia. Esse formato "gira permanentemente em torno da atualidade, captando com argúcia e sensibilidade o dinamismo da notícia que permeia toda a produção jornalística" (Marques de Melo, 2003, p. 155).

Para Marques de Melo (2003, p. 156), os cronistas atuam como uma "consciência poética da realidade". Em seus textos, buscam inspiração na notícia, mas inventam informações, adicionam humor e ironizam as dificuldades do cotidiano. Acompanhe como o escritor Moacyr Scliar se apropria de uma notícia para escrever uma narrativa de ficção:

> A diferença mais relevante em relação às matérias de cunho informativo, no entanto, é a de que o autor da crônica faz comentários valorativos sobre o que narra. Costumeiramente, ele também oferece reflexões sobre o fato para o leitor.

Cobrança

Cobrador usa intimidação como estratégia. Empresas de cobrança usam técnicas abusivas, como tornar pública a dívida.

Cotidiano, 10.set.2001 Ela abriu a janela e ali estava ele, diante da casa, caminhando de um lado para outro. Carregava um cartaz, cujos dizeres atraíam a atenção dos passantes: "Aqui mora uma devedora inadimplente".

— Você não pode fazer isso comigo – protestou ela.

— Claro que posso – replicou ele. – Você comprou, não pagou. Você é uma devedora inadimplente. E eu sou cobrador. Por diversas vezes tentei lhe cobrar, você não pagou.

— Não paguei porque não tenho dinheiro. Esta crise...

— Já sei – ironizou ele. – Você vai me dizer que por causa daquele ataque lá em Nova York seus negócios ficaram prejudicados. Problema seu, ouviu? Problema seu. Meu problema é lhe cobrar. E é o que estou fazendo.

— Mas você podia fazer isso de uma forma mais discreta...

— Negativo. Já usei todas as formas discretas que podia. Falei com você, expliquei, avisei. Nada. Você fazia de conta que nada tinha a ver com o assunto. Minha paciência foi se esgotando, até que não me restou outro recurso: vou ficar aqui, carregando este cartaz, até você saldar sua dívida.

Neste momento começou a chuviscar.

— Você vai se molhar – advertiu ela. – Vai acabar ficando doente.

Ele riu, amargo:

— E daí? Se você está preocupada com minha saúde, pague o que deve.

— Posso lhe dar um guarda-chuva...

— Não quero. Tenho de carregar o cartaz, não um guarda-chuva.

Ela agora estava irritada:

— Acabe com isso, Aristides, e venha para dentro. Afinal, você é meu marido, você mora aqui.

— Sou seu marido – retrucou ele – e você é minha mulher, mas eu sou cobrador profissional e você é devedora. Eu a avisei: não compre essa geladeira, eu não ganho o suficiente para pagar as prestações. Mas não, você não me ouviu. E agora o pessoal lá da empresa de cobrança quer o dinheiro. O que quer você que eu faça? Que perca o meu emprego? De jeito nenhum. Vou ficar aqui até você cumprir sua obrigação.

Chovia mais forte, agora. Borrada, a inscrição tornara-se ilegível. A ele, isso pouco importava: continuava andando de um lado para o outro, diante da casa, carregando o seu cartaz.

Moacyr Scliar/Folhapress

Fonte: Scliar, 2001.

Como era típico em sua coluna no jornal *Folha de S.Paulo*, o autor se apropriava de determinado tema de uma notícia real e criava uma nova narrativa, inteiramente inventada. Embora a cena retratada no texto seja ficcional, podemos usar a anedota para refletir sobre a própria realidade e os absurdos e exageros da situação de um cobrador que usa técnicas de intimidação e exposição de devedores para conseguir o pagamento.

Marques de Melo (2003) aponta que a principal característica da crônica jornalística diz respeito a manter-se fiel aos acontecimentos e aos temas que os envolvem. Além disso, as crônicas também oferecem um tipo de crítica social, como se fizessem uma "apreciação irônica" dos fatos (Marques de Melo, 2003, p. 156).

A crônica também é um subgênero que ocasionalmente ocupa um espaço de limite entre os gêneros jornalísticos. Isso porque é possível alegar que esse formato se beneficia de características da literatura, as quais podem ser aproximadas de uma classificação orientada pelo jornalismo diversional. Neste livro, optamos por manter a crônica como parte do gênero opinativo, uma vez que sua finalidade ainda é promover algum tipo de percepção sobre o cotidiano.

3.8
Opinião dos leitores

Um formato do jornalismo opinativo que não pode ser menosprezado é o espaço de produção de conteúdo feito pelo leitor. Marques de Melo (2003) afirma que essa participação usualmente era chamada de *carta*, pois, até as duas últimas décadas do século XX, o envio de textos aos veículos jornalísticos era feito por meio de correspondência.

Nessa época, a publicação de cartas do leitor era uma maneira de democratizar o conteúdo e retirar o caráter unilateral da imprensa. Assim, o papel do jornalista como um emissor que envia uma mensagem a um receptor passivo poderia ser amenizado pela presença de uma opinião proveniente do público ao qual o jornal era dirigido.

Essa democratização, defende Marques de Melo (2003), precisa ser relativizada por duas razões. A primeira leva em conta o fato de que os grandes veículos da imprensa publicam textos que lhes são interessantes. A segunda se refere ao fato de que, mesmo estando diariamente presente em um mesmo jornal, o espaço dedicado às cartas sempre foi ínfimo se comparado com o dos demais materiais informativos e opinativos.

De qualquer forma, diz o pesquisador, escrever em um veículo jornalístico representava "o último alento de muitos cidadãos que querem dizer alguma coisa aos seus contemporâneos, que querem influir nas decisões dos governantes, que querem participar dos destinos da sociedade" (Marques de Melo, 2003, p. 177).

Com a popularização da internet, a seção de cartas rapidamente se tornou obsoleta. O modelo de comunicação no ambiente virtual permite que os leitores assumam um viés muito mais ativo e ocupem gradativamente mais espaço nos jornais. A própria ideia de "carta" parece datada, uma vez que os computadores popularizaram o correio eletrônico e os *e-mails*.

Hoje, espaços de comentários em matérias *on-line* representam locais dinâmicos de compartilhamento de opiniões dos leitores. Mas isso também traz consequências negativas, pois muitos desses textos são redigidos de forma apressada e sem rigor técnico. Os editores costumam não interferir no que é postado, mas, quando o fazem, geralmente assumem um papel de monitor, que evita a propagação de mensagens de ódio e palavras de baixo calão.

> O modelo de comunicação no ambiente virtual permite que os leitores assumam um viés muito mais ativo e ocupem gradativamente mais espaço nos jornais.

Síntese

Neste capítulo, abordamos as principais características e formatos do jornalismo opinativo. Em um primeiro momento, reiteramos que o jornal é, em sua essência, um meio de expressão opinativa. Ao retratar a realidade em seus conteúdos, os jornalistas fazem, naturalmente, escolhas que evidenciam suas maneiras (e as do veículo) de perceber e se relacionar com a realidade. Há uma diferença na estrutura narrativa e na finalidade entre os textos dos gêneros informativos e opinativos.

Também constatamos que os textos opinativos são caracterizados pela presença de argumentos. Isso os torna veículos de opiniões declaradas, ao contrário dos informativos, que privilegiam o relato objetivo dos fatos. O editorial, por exemplo, é a redação que defende ideias de um jornal e costuma centrar seu poder de fogo na maneira como os governos devem agir. O artigo, por sua vez, estabelece a defesa de uma ideia. As duas produções exigem que os autores se apoiem em apurações e dados, pois a opinião não pode se validar em "achismos".

Além do editorial e do artigo, analisamos outros formatos do jornalismo opinativo, como a coluna – um espaço misto de produção de opiniões que pode se referir a um local de difusão de informações e de crônicas. Em regra, a coluna é segmentada por tema ou por autor, consagrando um repórter experiente em alguma área, um especialista ou um escritor. Já o comentário é uma forma de texto em que a análise do fato é priorizada. Segundo Marques de Melo (2003), os comentaristas são pessoas que julgam o fato de forma desinteressada no calor do momento.

Ainda tratamos da resenha – texto que procura orientar o público para o consumo de obras da industrial cultural. A resenha, no entanto, não pode ser confundida com a crítica, que é uma análise aprofundada e especialista de produções artísticas. Verificamos, também, que a crônica é um texto que evoca elementos do presente, usando, muitas vezes, a ficção; em geral, é assinada por romancistas ou bons escritores. O espaço do leitor, por fim, apresenta-se como um contraponto relativo à opinião do jornal, em que o público tem espaço para se expressar.

Para saber mais

MENCKEN, H. L. **O livro dos insultos**. São Paulo: Companhia
    das Letras, 2009.
Coletânea de artigos assinados pelo jornalista norte-americano Henry-Louis Mencken (1880-1956), que escrevia sobre temas variados. O autor é um polemista, conhecido por sua acidez e voracidade ao provocar o leitor com ideias que desafiaram o senso comum. A última edição brasileira foi lançada pelo selo

Jornalismo Literário, da Editora Companhia das Letras. Trata-se de uma incrível obra sobre o potencial do jornalismo opinativo.

KAEL, P. **1001 noites no cinema**. São Paulo: Companhia das Letras, 1994.

Coletânea com centenas de resenhas de filmes escritas por Pauline Kael, provavelmente a crítica de cinema mais influente dos Estados Unidos na segunda metade do século XX. Os textos foram originalmente publicados na Revista *New Yorker*, que reservava um pequeno espaço para análises culturais. O resultado são análises que economizam palavras, mas não deixam de ser profundas e cheias de interpretações brilhantes. Obra fundamental para quem quer escrever sobre a sétima arte.

BOA NOITE e boa sorte. Direção: George Clooney. EUA, 2005. 93 min.

Cinebiografia do jornalista Edward R. Murrow, centrada no período em que ele trabalhava como apresentador de uma emissora de televisão e resolveu atacar o senador Joseph McCarthy, expondo as falhas da chamada *caça aos comunistas*, liderada pelo político. O filme mostra o poder da opinião no jornalismo, pois a oposição de Murrow é um dos elementos apontados para a queda das políticas macartistas nos Estados Unidos.

Questões para revisão

1. O que caracteriza uma resenha como um texto opinativo?

2. As colunas adotadas pelos jornais podem ter naturezas bem distintas. Por quê?

3. Leia atentamente o texto a seguir.

Como Ziggy Stardust salvou a minha vida

1983. Eu tinha 18 anos, acabara de retornar de um ano de estudos nos Estados Unidos. Dali a seis meses faria vestibular, mas só conseguia pensar nos amigos que havia feito e nas experiências vividas longe de casa e da família. Sentia-me um peixe fora d'água.

Entre apostilas que se empilhavam e tentativas sinceras de deixar a melancolia um pouco de lado, sobrava confusão. Que curso escolher? Como me reconectar com a vida em Curitiba? O que fazer com o vazio provocado pelo rompimento abrupto de relações intensas (como elas costumam ser naquela idade) e aceitar a distância como fato consumado? Muitas perguntas e nenhuma resposta.

Meio ao acaso, entrou em cena Ziggy Stardust. Fuçando na pilha de LPs de um tio 15 anos mais velho, fã de Beatles, Led Zeppelin e do som da Motown, encontrei alento. No auge do fenômeno Michael Jackson (de quem gosto até hoje), descobri David Bowie, que à época vivia uma espécie de renascimento, graças ao sucesso do álbum *Let's Dance*. Hits irresistíveis, como a faixa-título, "China Girl" e "Modern Love" revelaram a face mais pop e radiofônica do camaleão britânico, sob a produção de Nile Rogers, mentor da banda Chic, responsável por alguns clássicos da disco music.

Mas foi *The Rise and Fall of Ziggy Stardust and the Spiders from Mars*, disco lançado em 1972, que me converteu. Título fundamental do glam rock, o álbum é uma espécie de ópera-rock que traz Bowie no papel de Ziggy, andrógina versão humana de um ser alienígena que vem à Terra com a missão de presentear a humanidade com uma mensagem de esperança nos últimos cinco anos que restam ao planeta.

O alien era eu. Identificação, afinal, é palavra-chave na vida de qualquer adolescente.

O álbum, para muitos um dos melhores que o rock já produziu, inclui uma sucessão impecável de canções de rock: "Starman", "Hang on to Yourself", "Ziggy Stardust", "Star", "Moonage Daydream", "Soul Love", "Lady Stardust" e "Five Years".

> É, ao mesmo tempo, apocalíptico e esperançoso. Destrutivo e messiânico.
>
> *The Rise and Fall of Ziggy Stardust and the Spiders from Mars* me levou a outro dos meus favoritos: *Low* (1977), união de esforços entre Bowie e o produtor e compositor Brian Eno, que misturaram rock e música eletrônica, com ecos dos robôs de carne e osso alemães do Kraftwerk – vale lembrar que o álbum foi gravado em Berlim.
>
> Em 1997, agora jornalista de cultura, tive a oportunidade de entrevistar Bowie no Hotel Sheraton, no Rio de Janeiro. Em poucos dias, ele faria um show histórico na Pedreira Paulo Leminski, em Curitiba, e quando o vi de perto, de olhar nos seus olhos bicolores, confesso que tremi nas bases. Por um momento, acreditei que não conseguiria formular a primeira pergunta e aquietar o fã que insistia em calar o repórter naquele instante. Era como se tivesse, em um estalar de dedos, retornado no tempo, e fosse, de novo, aquele adolescente confuso. Mas o dever me chamava. Então agradeci, em silêncio, a meu super-herói, Ziggy, por ter salvo minha vida. Também por causa dele, havia conseguido chegar até ali.

A Escotilha–Jornalismo Cultural/www.aescotilha.com.br

Fonte: Camargo, 2015.

O texto transcrito pode ser classificado como:

a) resenha.

b) artigo.

c) comentário.

d) crônica.

4. A expressão de opiniões nos jornais pode ocorrer de diversas formas. Uma delas é por meio dos textos argumentativos, presentes nos noticiários publicados diariamente. Sobre esse tema, assinale a alternativa correta:

a) Diferentemente dos textos noticiosos, que podem apresentar opinião de forma implícita, os textos opinativos são estruturados para defender ideias ou causas.

b) Os textos opinativos, assim como os noticiosos, são estruturados com base em apurações, o que resulta em textos muito parecidos na finalidade, apesar da diferença de conteúdo.

c) A informação jornalística deve ser pensada como restrita aos materiais informativos publicados nos jornais. A opinião não requer apuração com informação.

d) Argumentar, para um jornalista, deve ser uma prática do cotidiano da escrita. Bons repórteres adotam a opinião argumentativa em todos os seus textos.

5. Sobre os editoriais e artigos publicados nos jornais brasileiros, assinale a alternativa **incorreta**:
   a) Os editoriais são textos nos quais o veículo reproduz suas opiniões, geralmente defendendo ações do governo ou valores nos quais a empresa acredita.
   b) Artigos são redações argumentativas que, como os editoriais, defendem ideias e posicionamentos. A diferença é que, em sua maioria, eles apresentam caráter autoral.
   c) Editoriais e artigos jornalísticos dependem de informações concretas para defender seus posicionamentos e não podem se validar apenas de "achismos".
   d) Em sua forma e estrutura, o artigo e o editorial não poderiam ser mais distintos. Um defende apenas ideias de interesse do público, ao passo que o outro defende o governo.

Perguntas & respostas

É possível afirmar que a expansão da opinião do leitor nas redes sociais fez o jornalismo opinativo perder seu sentido?
Não. A opinião jornalística segue critérios de apuração e geralmente é fundamentada em informações específicas. Além disso, o que se publica em um jornal, em regra, pauta muitos dos comentários feitos via internet. Isto é, as redes sociais apresentam um espaço para discussão bem relevante e influente.

A opinião de um colunista pode ser diferenciada daquela que é emitida pelo próprio veículo?

Sim, mas, durante algum tempo, é preciso acompanhar o meio por intermédio de seus editoriais. Um bom jornal mantém a pluralidade de seus colunistas e conta com colaboradores que escrevem a favor e contra as ideias que são defendidas pelo veículo. Com atenção, é fácil reconhecer quando determinado colunista apresenta ideias que não seriam adotadas pela organização em que trabalha.

Capítulo
04

Interpretação, diversão e utilidades jornalísticas

Conteúdos do capítulo:

- A interpretação no jornalismo.
- A diversão no jornalismo.
- Características do jornalismo literário.
- Os tipos de textos utilitários adotados na imprensa.

A presença de informação ou de opinião não é o único critério usado para definir a qual gênero pertence determinado texto na imprensa. Neste capítulo, abordamos o gênero interpretativo, o maior deles, pois inclui a grande reportagem, formato considerado o mais nobre pelos jornalistas. Como o debate sobre outras classificações ainda é incipiente, também analisamos novamente os dilemas e as correntes teóricas que orientam a adoção de propostas como os jornalismos diversional e utilitário para, depois, defini-los detalhadamente.

Após o estudo deste capítulo, você poderá diferenciar as principais características dos gêneros interpretativo, diversional e utilitário. Também estará apto a identificar os principais tipos de textos de cada classificação e quais são os cuidados teóricos usados para constituí-los.

4.1
Gênero interpretativo

A interpretação é uma das principais finalidades do jornalismo. Os grandes entusiastas da profissão defendem que o conteúdo veiculado na imprensa ajuda a sociedade a compreender o mundo. "Mais do que informações e conhecimentos, o jornal deve transmitir entendimento. Porque é do entendimento que deriva o poder", afirma o jornalista Noblat (2010, p. 22).

O gênero interpretativo parece ser definido a partir dessas características. Não por acaso, a classificação costuma abarcar textos que trabalhem com as palavras *profundidade*, *análise* e *explicação*. São matérias que ultrapassam o relato factual, estendendo a narrativa de modo que ela seja dramatizada, contextualizada e debatida.

Diferentemente do que chamamos apenas de *reportagem* no segundo capítulo, baseada na objetividade, as redações interpretativas ampliam o escopo de abordagem do fato, em regra, sem haver vínculo direto a um acontecimento.

Seixas (2009, p. 66) afirma que o gênero interpretativo usa o fato "como um acontecimento", que estimula um debate sobre uma realidade mais ampla. A maneira de definir o que será foco da matéria também muda, uma vez que a estrutura do texto precisa permitir "que o leitor seja capaz de, por si próprio, interpretar a ocorrência" (Seixas, 2009, p. 66). A redação de interpretação permite que o jornalista use um vocabulário em que consiga se inserir de forma mais clara como autor, com liberdade para abolir o lide e usar adjetivos nas descrições.

O maior exemplar do formato interpretativo é a grande reportagem (ou *reportagem especial*), e muitas delas são escritas em primeira pessoa, justamente porque apresentam um autor-jornalista. A interpretação aparece em uma relação estabelecida com o objeto, na maneira como a narrativa é enunciada, no modo como o repórter interfere e nas estratégias de apuração e produção (Seixas, 2009).

O grau de **autonomia** na construção do texto interpretativo começa na seleção da pauta. O tema não precisa necessariamente estar veiculado a algum acontecimento recente ou surgir de algum escândalo descoberto pelo faro do repórter. Diversas matérias especiais nascem de uma ideia individual, de um olhar diferenciado para algo que conhecemos ou de uma associação de informações e análises.

Seixas (2009) alerta que, ao reverso do texto informativo (orientado pela objetividade), há espaço de sobra para que o jornalista insira sua subjetividade nas redações interpretativas. O enunciador permite a si mesmo "comparar, explicar, transmitir segundo sentimentos e exige aprofundar e investigar" (Seixas, 2009, p. 67).

O gênero interpretativo popularizou-se nos Estados Unidos nas décadas de 1940 e 1950. Seixas (2009) afirma que os textos vinculados a esse gênero eram escritos para um público que precisava entender o que ocorria no pós-guerra, quando o contexto de recuperação dos países estrangeiros era complexo demais para ser transmitido nos formatos convencionais do jornalismo informativo.

Seixas (2009) alerta que, ao reverso do texto informativo (orientado pela objetividade), há espaço de sobra para que o jornalista insira sua subjetividade nas redações interpretativas.

Esse gênero encontrou refúgio nas revistas, que se tornaram fenômenos de venda no mercado editorial norte-americano. Títulos como *Life*, *Time* e *Reader's Digest* ficaram imensamente conhecidos mais ou menos na mesma época em que a interpretação era adotada pelo jornalismo como prática. Como tinham mais páginas, levavam mais tempo para ser feitas e eram leituras mais extensas, as reportagens especiais passaram a ocupar um lugar de destaque nessas publicações.

Costa e Lucht (2010) lembram que, além da reportagem especial, há ainda outros formatos que costumam estar presentes no jornalismo interpretativo. É o caso da análise, do perfil, da cronologia e da enquete.

Esses formatos também pertencem a um campo de disputa no debate sobre gêneros jornalísticos. A **análise** pode se referir a um elemento narrativo de interpretação se for adotada pelo repórter, ou pode se constituir em um comentário anexado à matéria, o que a tornaria um texto interpretativo-opinativo. Se o autor da análise argumentar a favor de uma ideia, seu texto pode até mesmo ser considerado um artigo.

Já o **perfil**, descrito como uma biografia de curta duração, oferece ao leitor um olhar sobre a vida e os feitos de determinada personalidade — geralmente com destaque social, cultural ou político. Trata-se de um formato que adota elementos narrativos que o aproximam de um texto literário.

Por sua vez, a **cronologia** contextualiza historicamente os fatos. Já a **enquete** surge como uma maneira de apresentar uma opinião pública sobre o tema e ajudar na interpretação de determinado assunto. Pode, como no caso da entrevista, ser um recurso de apuração adotado pelo repórter.

A literatura sobre gêneros ainda trabalha em um espaço de definição cinzento quando o tema é o jornalismo interpretativo. Especialmente porque as fronteiras conceituais frequentemente são ultrapassadas nas propostas de classificações. Apesar da limitação teórica, conseguimos reconhecer e defender ao menos um formato consagrado do jornalismo interpretativo: a grande reportagem.

4.2
Grande reportagem como subgênero do jornalismo interpretativo

A grande reportagem, também conhecida como *reportagem especial*, é um formato privilegiado no jornalismo brasileiro. Matérias consagradas pelo Prêmio Esso, maior honraria dada aos profissionais da imprensa nacional, geralmente são concedidas a quem escreve esse tipo de texto.

Apurar, organizar e escrever uma reportagem especial demanda tempo e matéria-prima, a qual é escassa na maior parte dos veículos diários e portais de notícias. Entre informar o leitor e oferecer uma interpretação do que ocorre no país, as empresas de comunicação preferem a primeira opção. Ao discutir a crise dos jornais no início dos anos 2000, Noblat (2010) defende que a lógica deveria ser inversa. O que diferencia um jornal do outro é justamente a reportagem especial. As notícias quentes e os relatos factuais estão em todos os veículos, que repetem os mesmos fatos com a mesma abordagem.

Noblat (2010) entende que o bom jornalismo é feito com calma, sem a necessidade de correr contra o relógio. Pode ser voltado para o passado distante, em vez de se focar apenas no que acabou de acontecer. É o caso do **jornalismo histórico**, pouco visitado pelos meios de comunicação no Brasil justamente porque demanda pesquisas, entrevistas e consultas a documentos.

Um dos nomes das reportagens especiais dados por Sodré e Ferrari (1986) parece conversar com essa percepção de Noblat (2010). Trata-se da **reportagem documental**, comum nos jornais impressos e nos documentários televisivos e cinematográficos. As matérias documentais são apoiadas em dados que lhes conferem fundamentação e costumam ser bem pedagógicas. Não raro, o autor oferece ao leitor um ponto de vista sobre o tema analisado (Sodré; Ferrari, 1986).

Lage (2011, p. 136) oferece um contraponto a essa definição, afirmando que os textos interpretativos no jornalismo consistem, "grosso modo, em um tipo de informação em que se evidenciam consequências ou implicações dos dados". O autor afirma que esse formato é praticamente uma obrigação em matérias que tratam de temas científicos, econômicos ou relativos à política internacional — especialmente se o país em questão for desconhecido do público.

Uma das principais características das grandes reportagens, segundo Lage (2011), é deixar que os leitores tirem as próprias conclusões do fato ou contexto. Com as pontas soltas, o público faz as amarras e, no meio do caminho, interpreta o que é dito sem precisar de uma leitura guiada.

O jornalista norte-americano Daniel Pearl, assassinado brutalmente por militantes da Al-Qaeda em 2002, era um mestre na arte de instigar o público a pensar as situações sobre as quais escrevia. Seus textos, publicados no Brasil na coletânea *Cidadão do mundo* (2003), sempre trazem algum tipo de reflexão a ser decifrada pelo leitor. Observe a seguir um excerto sobre concursos de beleza de crianças.

> Aos nove anos de idade, Ashley Kinard descobriu como pode ser feio o negócio da beleza.
>
> Vencedora de mais de 25 títulos, Ashley agora está no centro de uma guerra entre dois concursos de beleza. Ela assistiu a mulheres adultas fazerem intriga por causa dela, gritarem por causa dela e processarem uma a outra. Em outubro passado, enquanto esperava para subir no palco e cantar "Achy Breaky Heart" no Festival de Outono de Jonesboro, ficou sabendo que

a companhia Starlite USA havia retirado sua coroa de "Little Miss Georgia". O motivo: ela teria supostamente rompido um contrato ao cantar o sucesso de Billy Ray Cyrus no mesmo festival no dia anterior como rainha "National Overall Most Beautiful de 1992" para a empresa arquinimiga da Starlite, a Prestige Pageants.

"Ela não pode se apresentar como Pequena Miss Estante no sábado e depois como Pequena Miss Geórgia no domingo", diz Jan Kennedy, diretora executiva da Georgia Beauty Pageants Inc., proprietária da Starlite. "Isso confunde o público e diminui a importância do nosso título; simplesmente não será tolerado".

A empresa de Jan entrou com um processo no fórum do Condado de Henry contra os pais de Ashley para obter de volta a faixa azul, a tiara de *strass* e os emblemas de carro magnéticos que declaram Ashley "Little Miss Georgia". Os pais responderam com outro processo. E a Prestige protestou na defesa da menina, dizendo que a Starlite a destronou por causa de uma "tecnicidade nebulosa". Uma audiência judicial está marcada para semana que vem. (Pearl, 2003, p. 50-51)

Perceba como o texto só funciona porque o repórter resolve olhar para o caso de forma bastante autoral. Pearl (2003) usa as palavras para brincar com a situação da jovem Ashley (que "descobriu como pode ser feio o negócio da beleza") e com o absurdo dos processos envolvidos em concursos de beleza. Em nenhum momento ele evidencia isso, apenas descreve o que ocorreu, para que os leitores possam tirar as próprias conclusões.

O jornalista utiliza diversas estratégias narrativas que facilitam a interpretação por parte do público. Uma delas refere-se à descrição de jogos de forças entre os concursos de beleza e os pais da menina. Outro recurso são as declarações, que se contradizem e defendem opiniões diferentes. Em seguida, o texto faz uma retomada histórica sobre os concursos de beleza de crianças, traz dados biográficos das famílias e informações econômicas sobre o lucro das empresas do ramo.

O resultado da equação é uma redação que oferece uma profunda interpretação do tema e do período em que a matéria foi publicada. O material também ajuda o leitor a pensar sobre questões mais amplas, como a exploração do trabalho infantil, o excesso de valorização da beleza em nossa sociedade e a perda da inocência das crianças que participam desses concursos.

Costa e Lucht (2010, p. 116) defendem que a grande reportagem é estruturada a partir da presença do contexto, dos antecedentes, do suporte especializado, da projeção e do perfil.

A **contextualização** diz respeito justamente a essa maneira de ir além dos fatos, inserindo-os em determinado cenário, discutindo os jogos de força que os envolvem e os sujeitos que participam da ação. *Contextualizar* é ambientar o leitor. Se Genro Filho (1987) afirma que o jornalismo informativo é permeado por relatos desconexos e fragmentados da realidade, podemos presumir que as grandes reportagens o apresentam de forma mais coesa, com elementos que permitam ao leitor ter uma melhor compreensão das implicações atreladas ao que está sendo reportado.

Por sua vez, os **antecedentes** são elementos que complementam o contexto, pois retomam o histórico de elementos ou os personagens envolvidos na situação retratada na matéria. Daí advém a cronologia, que pode ser anexada à produção do repórter responsável pela reportagem especial.

A **contextualização** diz respeito justamente a essa maneira de ir além dos fatos, inserindo-os em determinado cenário, discutindo os jogos de força que os envolvem e os sujeitos que participam da ação. *Contextualizar* é ambientar o leitor.

Nenhuma grande reportagem pode ser realizada sem que o jornalista consulte fontes que analisem e opinem sobre o fato. Esse é o **suporte especializado**, citado por Costa e Lucht (2010), responsável por fazer as conexões e explicar as situações das quais o autor não tem tanto domínio. Muitas vezes, a enquete pode ser usada como forma de medir a opinião pública sobre o tema.

A **projeção** das reportagens especiais é pensada para mostrar mais a respeito de um fato e do que sobre ele seria narrado em uma matéria menos complexa. Elas levam o público a refletir, sem medo de usar a subjetividade para isso.

Nesse sentido, a descrição do **perfil** de quem é retratado no texto humaniza a reportagem, expondo a vida e as principais características físicas e emocionais dos personagens citados. Muitos jornalistas dão voz, sentimento e sentido à vida das pessoas em uma matéria especial. Essa dramatização aproxima o leitor do que é narrado.

Antes de encerrarmos este tópico, acompanhe mais um exemplo de aplicação do jornalismo interpretativo. O trecho pertence à premiada série de reportagens especiais "O nascimento de Joicy", publicada pelo *Jornal do Commercio*.

> Eram nove mulheres sem útero e ovários, sem clitóris e vagina, aguardando o atendimento médico no setor de ginecologia do Hospital das Clínicas. No meio de calças jeans justinhas, cintos com tachas, vestidos floridos e sandálias altas, uma se destacava. Não era Cris, Valentina, nem Camila. Tampouco Eduarda, Graziele ou Juliana. Nem Tamires ou Dominic. Quem não usava cinto enfeitado, vestido de flor e cabelão era aquela mais do canto. Parecia homem. Mas se chamava Joicy.
>
> Entre ela e as outras, enormes diferenças. Cris: aos 13 anos entendeu que era menina e desde então passou a só usar saia e vestido. "Calça, só para fazer ginástica." Valentina: mora na Muribeca, Região Metropolitana, e sempre foi "a moça da casa". Cuidou dos irmãos para ajudar a mãe. Camila: ensina há quatro anos, é formada em geografia e faz pós-graduação em

gestão ambiental. Ensina na área rural de Palmares. Eduarda: dá aula de balé, usa franja, calça *skinny* e tênis All Star. Tem um namorado que anda com ela de mãos dadas. Graziele: é casada e tenta, ao lado do marido, adotar uma criança. Está brigando com a Justiça de Itaquitinga, onde vive. Juliana: também é casada e ajuda o marido vendendo doces. "A cirurgia não é um sonho. É uma necessidade". Tamires, cabelos louro-hardcore e o bumbum avantajado, viaja vendendo roupas femininas. Dominic, as unhas cheias de flores, tem um filho de 16 anos e é dona de um salão de beleza em Olinda. Seu maior medo é morrer com o corpo com que veio ao mundo. "Porque quem vai ser enterrada não vai ser eu de verdade."

E aí chegamos a Joicy. Não usa maquiagem. Não gosta de usar vestido. Não tem cabelo comprido. Na verdade, está ficando meio careca, coisa de quem vai fazer 51 anos de idade. Sua aparência sugere que ela ainda está engatinhando para mostrar socialmente a mulher que é – e, principalmente, para deixar para trás o agricultor que sempre foi. O fato de não possuir as mesmas características femininas e hiperbólicas das suas colegas de fila a destaca imensamente naquele grupo. Usa apenas bermuda, camiseta e sapatilhas pretas. Senta-se com as pernas abertas. É musculosa e, às vezes, um tanto rude. Carrega as maneiras de quem passou boa parte da vida dentro da roça, no meio do mato, plantando mandioca e cuidando de cabra, galinha, boi.

Suas únicas aproximações com as outras – e com aquilo que entendemos como feminino – são as unhas pintadas de vermelho, os peitos que já se destacam sob a camiseta e a profissão de cabeleireira. Sem os marcadores que a fariam, externamente, ser "mulher", Joicy termina sofrendo um preconceito duplo, que vem tanto daqueles que não experimentam a sua condição quanto dos próprios transexuais. Estas olhavam com certa incredulidade para aquela mulher. Era como se, naquele banco, um intruso estivesse sentado entre elas. Como se fosse uma piada de mau gosto feita por alguém que estava ali para lembrar a aparência que elas tinham antes dos longos cabelos e das calças justas.

Mas, se a imagem estereotipada da mulher ideal não se aplicava a Joicy, ela era, em meio às outras oito mulheres não biológicas repletas de curvas e de batom, a única a ter o diagnóstico de distúrbio de identidade (assinado pelo psiquiatra Roberto Faustino), assim como os dois anos de terapia (com a psicóloga Inalda Lafayette). Portanto, legalmente, seria a primeira entre aquelas fêmeas hiperbólicas a fazer a cirurgia. A primeira, entre Dominics e Grazieles, a se livrar do pênis que lhe causava constrangimento. A primeira a ir ao bloco cirúrgico para sair de lá com uma vagina.

Bastava a certeza disso, e não os brincos longos e o chinelo com flor, para que Joicy se sentisse bem consigo mesma.

> "Eu não tenho que usar saia e maquiagem para ser mulher. E eu não sou menos mulher por causa disso."

Fonte: Moraes, 2018.

Esse trecho, assinado pela jornalista Fabiana Moraes, faz uso de um contexto para apresentar a personagem retratada da matéria. A autora mostra os antecedentes que levaram a personagem à fila da cirurgia, menciona os especialistas ouvidos e evidentemente se preocupa em fazer um retrato humanístico de Joicy. No restante da matéria, há relatos sobre o processo médico, detalhes cirúrgicos e uma dezena de depoimentos.

O que mais chama a atenção em "O nascimento de Joicy" é a maneira como a autora descreve a cena sem esconder um posicionamento. Diferentemente do relato de Pearl (2003), aqui temos uma jornalista que defende abertamente algumas posições, a começar pela própria identidade sexual da personagem retratada.

É possível, também, perceber que essa matéria carrega fortes traços literários e pode, facilmente, ser identificada como um texto de apreciação – parte integrante do gênero diversional. Essa percepção nos leva a reafirmar que uma produção jornalística pode (e terá) características mescladas de diferentes formatos. A literatura sobre o tema, inclusive, reconhece esses dilemas.

4.3
Correntes e dilemas teóricos na compreensão dos gêneros jornalísticos

Conforme discutimos no primeiro capítulo desta obra, os gêneros são construídos com base em um tipo de reflexão sobre a produção dos jornalistas. As classificações de texto surgem na prática das redações e na organização do conteúdo, mas também levam em conta as propostas teóricas. Como outras linhas de reflexão, as segmentações de tipos de narrativa no jornalismo mudam dependendo do autor ou do momento em que foram concebidas. No primeiro capítulo, já ressaltamos a importância do contexto para entender a aplicação e a circulação das classificações por gênero em determinada sociedade.

Neste momento do livro, esse debate reaparece porque os próximos dois formatos a serem discutidos neste capítulo são propostas bem recentes de agrupamento de narrativas jornalísticas: o jornalismo diversional, que pensa a produção da imprensa como próxima da apreciação artística e do entretenimento; e o jornalismo utilitário (também conhecido como *jornalismo de serviço*), cuja finalidade máxima é oferecer informações que sejam úteis para a vida do leitor. Nos dois gêneros, podemos observar proximidades com outras formas de jornalismo, como o informativo e o interpretativo. A separação de um e de outro, aliás, nem sempre foi consenso, mesmo para os autores que são referência na área.

Marques de Melo (2003) já defendeu que a produção jornalística se divide apenas em informação e opinião. Nessa perspectiva, a interpretação (como procedimento explicativo) "cumpre-se perfeitamente através do jornalismo informativo. O mesmo ocorre com a diversão, mero recurso narrativo que busca estreitar os laços entre a instituição jornalística e o seu público" (Marques de Melo, 2003, p. 64).

Em uma revisão sobre o tema em 2010, o autor passou a incluir os gêneros interpretativo e diversional. Além disso, também reconheceu a contribuição do jornalismo utilitário, que emergiu na literatura especializada a partir dos anos 2000. A mudança de posicionamento do pesquisador tem respaldo na prática. Segundo o autor, as principais alterações no jornalismo brasileiro evidenciam que:

> 1) o vulto de matérias focalizando "serviços" não mais cabia no formato "nota" do gênero informativo, sinalizando a emergência do gênero utilitário; 2) a presença de matérias do tipo enquete que se desgarravam dos formatos entrevista ou reportagem, denotando o reflorescimento do gênero interpretativo; e 3) o aparecimento significativo de textos conotados pelo humor ou pela ironia que deixavam de perfilar no território pertencente ao gênero opinativo, ensejando o cultivo do gênero diversional. (Marques de Melo, 2010, p. 26)

O modo como Marques de Melo pensa os gêneros jornalísticos, como comentamos no primeiro capítulo, parte do trabalho do pesquisador pioneiro Luiz Beltrão. Entre as décadas de 1960 e 1970, Beltrão escreveu sistematicamente sobre os gêneros na práxis jornalística em uma contribuição que "subsiste ao tempo e dá suporte para novos conceitos e classificações" (Gurgel, 2012, p. 76).

Não podemos, porém, dizer que essa linha de pensamento é única, uma vez que os gêneros são concebidos e trabalhados de maneiras diferentes em outros países. Comentamos o caso dos Estados Unidos, país em que os textos se dividem em *noticiário* e *página editorial*. Na Alemanha, essa segmentação ocorre a partir dos gêneros informativos, opinativos e de amenidades (este incluiria a resenha e os resumos teatrais). Já na Itália, o sistema classifica os gêneros em *notícias* e *ideias*, que seria a nomenclatura adotada para o jornalismo opinativo (Marques de Melo, 2003).

No Brasil, Seixas (2009) aponta outras maneiras de abordar o assunto[1]. Outros pesquisadores da comunicação também podem apresentar suas perspectivas e ajudar no debate sobre as classificações que segmentam os conteúdos produzidos pelos nossos meios de comunicação de massa. O dilema sempre será adotar uma dessas perspectivas para defender o tema, sem

• • • • •

---

1 No sexto capítulo, retomamos a classificação dos gêneros jornalísticos proposta por Seixas (2009).

deixar de reconhecer que existem outras correntes a pensar o assunto. De certa forma, ter noção de que a discussão dos gêneros envolve longos debates e que as classificações precisam ser defendidas nos ajuda a entender como uma reportagem como "O nascimento de Joicy", citada no item anterior, pode ficar em um espaço intermediário de segmentação das formas de textos jornalísticos, participando tanto das redações interpretativas quanto das diversionais.

4.4
Gênero diversional

A curiosidade é um dos critérios de noticiabilidade adotados pelos jornalistas para a elaboração de uma notícia. Conteúdos pautados apenas por fatos inusitados nem sempre apresentam elementos que podem ser considerados relevantes para a sociedade. Nas escolas de comunicação, para justificar a relevância desse tipo de pauta, os professores usam o exemplo do dono que morde o cachorro. Se fosse levada ao pé da letra, essa informação seria estranha o bastante para ocupar um espaço em alguns jornais do país.

Podemos imaginar que o gênero diversional tem suas raízes nesse jornalismo cuja finalidade maior é entreter o público. Assis (2010) menciona que esses relatos servem como uma distração para o público, em um efeito semelhante ao da literatura. Nem sempre, portanto, a profissão dedica-se aos princípios fundamentais de retratar a vida e a esfera pública.

Os exemplares mais representativos do gênero jornalístico diversional são os textos do jornalismo literário. Na segunda metade do século XX, repórteres norte-americanos passaram a rejeitar a objetividade nas construções de suas matérias publicadas na imprensa. Como comentamos anteriormente, esse movimento ficou conhecido como *novo jornalismo* (*new journalism*) e teve como principais porta-vozes os jornalistas Tom Wolfe, Gay Talese e Truman Capote, entre outros.

De acordo com Squarisi e Salvador (2010, p. 19), esses repórteres "abandonaram a estrutura clássica de texto factual, acrescentando elementos literários". Tal ação resultou em textos mais longos e que não poderiam ser apreendidos no calor do momento, pois eram produzidos para ser apreciados com tempo e calma.

Até meados da década de 1960, o trabalho dos jornalistas nos Estados Unidos valorizava textos com padronização e sem grandes atrativos. O objetivo era fazer a informação circular e deixar que o leitor pudesse apropriar-se dela da melhor maneira que lhe conviesse. A subjetividade deveria ser deixada para os textos opinativos.

Wolfe (2005) conta que, nesse período, havia certa inquietação de um grupo de novos repórteres que não se encontravam dentro desses modelos padronizados. Eles começaram a experimentar formatos, atribuindo impressões pessoais do fato que relatavam, e rapidamente perceberam o potencial de transformar esse material em algo novo.

A publicação de *A sangue frio*, de Truman Capote, em 1966, foi um marco formal para esse movimento, que era fomentado nas redações. A obra, fruto de um trabalho de cinco anos do autor, acompanhava a vida de dois sujeitos que mataram uma família em uma cidade do interior no Kansas. A publicação "foi uma sensação – e um baque terrível para todos que esperavam que o maldito Novo Jornalismo ou Parajornalismo se esgotasse como uma moda" (Wolfe, 2005, p. 45).

O livro não só era assinado por um autor renomado, como também era vendido como parte de um novo gênero literário: o **romance de não ficção**. O processo de apuração também mostrou que era preciso dedicar-se com mais intensidade à busca de informações que pudessem validar o relato.

Wolfe (2005) lista quatro descobertas desse tipo de história que, rapidamente, passaram a ser adotadas por entusiastas do novo jornalismo, inclusive no Brasil. A primeira delas se referia ao uso de descrições de cenas. A segunda dizia respeito à reconstituição de diálogos completos, por meio de extensas entrevistas. A terceira era a apresentação dos fatos ou do contexto por meio de uma terceira pessoa, em que o jornalista dava "ao leitor a sensação de estar dentro da cabeça do personagem" (Wolfe, 2005, p. 54). O último recurso era fazer um detalhamento da cena, apresentando gestos, hábitos, características do cenário e comportamentos das pessoas retratadas, entre outros. Esses elementos menores eram usados pelos autores como símbolos do cotidiano dos personagens. "O registro desses detalhes não era mero bordado em prosa. Ele coloca junto ao centro do poder do realismo, assim como qualquer outro recurso da literatura" (Wolfe, 2005, p. 55).

Muitos autores desenvolveram um estilo próprio de redação, por vezes flertando com o poético. É o caso de Gay Talese, no celebrado e elegante perfil do cantor Frank Sinatra, publicado na revista *Esquire*, em 1965. Nos três primeiros parágrafos[2] de uma matéria que tem mais de 40 páginas, Talese (2004) evidencia os principais elementos dos quais discute Wolfe (2005) em seu livro. Descreve uma cena que presenciou, com detalhes apurados de outras fontes. Seu trabalho como escritor é ambientar o leitor sobre a situação física, social e psicológica do personagem que retrata.

O autor recorre aos detalhes, à apuração em profundidade e a uma perspectiva que tenta recriar a subjetividade do cantor (em sua maneira de pensar). O efeito literário do texto não para por aí. Talese (2004) também usa associações, alegorias e ironia para descrever como o personagem pode se tornar mal-humorado

• • • • •

2 Consulte a íntegra da matéria na obra: *Fama e anonimato: o lado oculto de celebridades, a fascinante vida de pessoas desconhecidas e um inusitado perfil de Nova York, por um mestre da reportagem* (Talese, 2004). Também disponível na *web* em: <https://pt.slideshare.net/aulasdejornalismo/frank-sinatraestaresfriadotextointegral-1-13064614>.

por conta de um resfriado. "Sinatra resfriado é Picasso sem tinta, Ferrari sem combustível" é um trecho que exemplifica bem a beleza e o talento do narrador (Talese, 2004, p. 258). O leitor tem vontade de continuar a leitura pela forma, e não apenas pelo conteúdo.

Uma das vantagens do **jornalismo literário** parece ser a durabilidade dos textos, que envelhecem como peças da literatura. Outras formas de jornalismo diversional, como as que são pautadas apenas pelo inusitado, não têm o mesmo efeito.

Informações típicas de jornais sensacionalistas podem ser entendidas como matérias que buscam entreter e ocupar o ócio do leitor. "O insólito, a informação monstruosa, os fatos insignificantes" (Assis, 2010, p. 149) são elementos adotados por publicações desse tipo para atrair a leitura.

Em seu livro sobre o sensacionalismo na imprensa, *Espreme que sai sangue: um estudo do sensacionalismo na imprensa*, Angrimani Sobrinho (1995) menciona que as matérias de escândalos, sexo e violência existem para satisfazer uma necessidade emocional do público. "O que parece preponderar nesse gênero é a influência do meio como catarse"[3] (Angrimani Sobrinho, 1995, p. 17).

• • • • •

3   Expressão grega que se relaciona com a apreensão cognitiva da obra em sua plenitude. A *catarse* é um conceito abstrato, definido por Coelho (1993, p. 17) como um estado emocional em que sentimos "liberação imaginária das tensões psíquicas individuais" quando entendemos aquilo que o autor de uma expressão artística quis dizer.

A satisfação emocional também pode ser encontrada em outra forma de produção do jornalismo ligada à diversão: o noticiário de humor. A coluna de José Simão no jornal *Folha de S.Paulo*, a revista *Casseta Popular* e o portal de notícias *Sensacionalista* são alguns exemplos de materiais que podem ser considerados diversionais. Tais veículos trazem textos que dialogam com a ideia de verdade na prática jornalística, mas a invertem e a satirizam com falsas informações e ridicularizações de situações representadas na imprensa.

Uma das vantagens do **jornalismo literário** parece ser a durabilidade dos textos, que envelhecem como peças da literatura. Outras formas de jornalismo diversional, como as que são pautadas apenas pelo inusitado, não têm o mesmo efeito.

4.5
Gênero utilitário

Em 1996, o jornal *Correio Brasiliense* fez uma reforma editorial que o ajudou a se estabelecer, já no início dos anos 2000, como um democrático espaço de discussão. Noblat (2010) comenta que o modelo de negócio, focado no espaço local, com credibilidade na seleção de notícias e aposta nas grandes reportagens, tornou-se uma referência para o país.

Um dos pilares dessa mudança foi assumir que o veículo deveria trabalhar como uma prestação de serviço ao leitor. Nesse sentido, esse conceito se relacionava não só com as notícias que publicava, úteis para a vida em sociedade, mas também com as informações cotidianas que poderiam ajudar as pessoas nas pequenas ações de suas vidas.

Embora o reconhecimento do gênero utilitário seja recente na imprensa, a utilidade pública nos jornais não é nova. A previsão do tempo, o resultado da loteria, a cotação da moeda e a programação dos filmes e espetáculos em cartaz na cidade, por exemplo, já eram comuns nos jornais brasileiros desde a primeira metade do século XX.

Vaz (2010) afirma que, no Brasil, essa área passou a ser trabalhada com formatos diferentes do informativo a partir da segunda metade dos anos 2000. É na bibliografia de José Marques de Melo que a autora encontra os tipos de utilidades que os jornais costumam prestar ao público: indicador, cotação, roteiro e serviço.

Os **indicadores** trazem dados que podem ser indispensáveis no momento de um leitor decidir como proceder durante seu cotidiano. É o caso da meteorologia, que prevê a temperatura e as condições climáticas — apontando se o leitor deve ou não sair de casa com um guarda-chuva, por exemplo. Semelhante ao que ocorre com a situação dos aeroportos, comumente descrita nos jornais que apontam as regularidades ou os atrasos nos voos programados para partir ou chegar.

Por sua vez, a **cotação** apresenta dados que mensuram elementos do mercado. O dólar subiu ou baixou? A informação aparece nos jornais em destaque, pois afeta diretamente a vida do leitor. O preço dos produtos da cesta básica é outro exemplo. O tomate é o vilão, pois está muito caro? O noticiário deve informar ao leitor, pois altera nossas refeições.

Tradicionalmente, o **roteiro** retrata o cenário cultural da cidade. Os horários dos filmes em exibição, com uma cotação de qualidade e uma sinopse, foram, por muito tempo, a única maneira de as pessoas terem conhecimento do que estava em cartaz sem precisar se dirigir fisicamente de cinema em cinema. O mesmo vale para o teatro. Ainda hoje, os portais de notícia mantêm esses espaços de guias culturais para garantir que a audiência não se disperse para outros *sites* que oferecem as mesmas informações.

Por fim, os **serviços** são "destinados a proteger os interesses dos usuários dos serviços públicos, bem como dos consumidores de produtos industriais ou de serviços privados" (Vaz, 2010, p. 128). Trata-se de um repertório de dados variados, que incluem horários de funcionamentos, preços de produtos, bloqueios de estradas e alterações na hora de fazer um documento, entre outros.

Não é incomum encontrar elementos do jornalismo utilitário anexados a outros gêneros jornalísticos. A matéria é sobre uma palestra que acontecerá na cidade em alguns dias? O serviço desse evento é indispensável! Quanto custam os ingressos? Quem participará do evento? Qual é o horário? Errar esse serviço é comprometer o evento de alguém. Todos os repórteres que já trabalharam em um caderno cultural sabem o pesadelo que é um leitor frustrado porque o horário do cinema estava errado: "A moça da bilheteria disse que vocês sempre erram", reclamam. Muitos pedem o valor do ingresso perdido. A revolta tem sua razão. Quando oferecemos a informação ao leitor, ela precisa ser absolutamente correta e precisa. Errar, nesse sentido, representa uma quebra de confiança e, no caso de utilidades públicas, pode atrapalhar a vida das pessoas.

Síntese

Os jornalismos informativo e opinativo são tratados como hegemônicos no debate sobre gêneros jornalísticos. Contudo, neste capítulo, observamos outros tipos de narrativas adotadas na profissão, como a interpretativa, a diversional e a utilitária. Os limites de cada uma dessas formas de texto, muitas vezes, podem ser vagos. A literatura compreende que há possibilidade de uma redação participar de mais de um gênero, inclusive. Afinal, tais classificações são propostas que variam conforme certas correntes teóricas e determinados hábitos profissionais.

Analisamos o gênero interpretativo, marcado pela presença de narrativas mais longas, geralmente associadas a análises, descrições e associações. O principal formato desse gênero é a grande reportagem, que se preocupa com um contexto mais amplo e geralmente não se foca apenas no relato factual. O uso de múltiplos dados, opiniões de especialistas e uma narrativa pautada pela presença do jornalista (que evidencia parte de sua subjetividade) são algumas das características dessas produções, cuja finalidade maior é levar o leitor a refletir sobre algum tema.

Também abordamos o gênero diversional, formato de apreciação ligado ao entretenimento. É o jornalismo lido como uma forma de distração. O maior representante dessa classificação é o jornalismo literário, que privilegia enunciados mais extensos, os quais valorizam a descrição de cenas e tentam colocar o leitor mais próximo dos personagens, como em uma obra da literatura de ficção.

Por fim, examinamos o gênero utilitário, que se baseia na divulgação de informações úteis ao público. Diferencia-se da notícia, pois nem sempre precisa de um fato – apenas de um dado. Apresenta-se, em regra, nos seguintes modelos: indicador, como a meteorologia; cotação, a exemplo do valor de uma moeda; roteiro, como nos filmes em cartaz; ou serviço, que pode se referir ao horário de funcionamento de órgãos públicos durante um feriado.

Para saber mais

CAMPOS JUNIOR, C. de et al. **Nada mais que a verdade**: a extraordinária história do jornal Notícias Populares. São Paulo: Summus, 2011.

Divertidíssima biografia do jornal *Notícias Populares*, que ficou famoso pelas capas absurdas e matérias sensacionalistas completamente inventadas. No livro, os autores contam como o veículo se apropriou do interesse popular pelo insólito e investiu pesadamente em conteúdos sobre televisão, assombrações e violência. Alguns casos, como as aparições do bebê-diabo no ABC Paulista, são emblemáticos para a história da imprensa no Brasil.

HERSEY, J. **Hiroshima**. São Paulo: Companhia das Letras, 2002.

Nesse livro-reportagem, é possível observar algumas técnicas que consagraram o jornalismo literário antes mesmo de esse formato ter se tornado o marco do novo jornalismo. Na narrativa, o repórter John Hersey conta a história de sobreviventes do ataque nuclear à cidade de Hiroshima, em 1945. O relato é dividido em duas partes. Na primeira, o autor apresenta os personagens logo após o ataque. Na segunda, ele retorna após 40 anos para checar como estão as pessoas que havia entrevistado.

CAPOTE. Direção: Bennett Miller. EUA/Canadá, 2005. 114 min.

Cinebiografia do escritor Truman Capote, centrada no período em que ele começou a investigar o brutal assassinato de uma família no Kansas e no modo como a história se tornou o livro *A sangue frio*. Esse filme dramatiza a criação do romance de não ficção e discute o envolvimento do autor com os criminosos a um ponto exaustivo. Trata-se de uma ótima reflexão sobre como o jornalismo literário é uma prática bem distinta do gênero informativo.

Questões para revisão

1. Por que o jornalismo literário é considerado parte do gênero diversional?

2. Explique brevemente o que é e quais são os tipos de textos que compõem o jornalismo utilitário.

3. Sobre o conceito de jornalismo interpretativo, assinale a alternativa correta:
    a) As reportagens do jornalismo interpretativo buscam apresentar as informações da maneira mais objetiva possível, para que o leitor interprete o que é mostrado pelo repórter.
    b) Os textos interpretativos são ricos em informações diferentes, que costumam não ser contextualizadas em uma única narrativa. Por isso, essas matérias também são chamadas de *fragmentadas*.

c) As grandes reportagens são as maiores representantes do jornalismo interpretativo, pois contextualizam fatos, dados e declarações em narrativas mais completas do que nas reportagens factuais.

d) A interpretação no jornalismo é um elemento exclusivo do gênero interpretativo, uma vez que as outras informações publicadas em notícias, serviços e opiniões não podem ser interpretadas.

4. Sobre os limites adotados por cada gênero jornalístico, considere as assertivas a seguir:

I) Os gêneros jornalísticos no Brasil são determinados por uma única corrente de estudos, que os fragmentou em informativo, interpretativo, opinativo, diversional e utilitário.

II) As classificações sobre gêneros jornalísticos dependem de muito debate acadêmico e prático, pois ainda não representam um consenso absoluto entre os jornalistas.

III) Os limites que definem a qual gênero pertence um texto podem ser flexíveis, e muitas produções dos jornalistas podem pertencer a diferentes gêneros jornalísticos.

IV) A adoção de critérios mais rígidos para delimitar as fronteiras conceituais entre os gêneros poderia ajudar os jornalistas a escrever melhor matérias interpretativas, sem confundi-las com as diversionais.

Agora, assinale a alternativa correta:

a) I e III.
b) II e IV.
c) I e IV.
d) II e III.

5. Leia atentamente o parágrafo a seguir, extraído do livro *Radical chique e o novo jornalismo*, de Tom Wolfe (2005).

O tipo de reportagem que faziam parecia muito mais ambicioso também para eles. Era mais intenso, mais detalhado e sem dúvida mais exigente em termos de tempo do que qualquer coisa que repórteres de jornais ou revistas, inclusive repórteres investigativos, estavam acostumados a fazer. Eles tinham desenvolvido o hábito de passar dias, às vezes semanas, com as pessoas sobre as quais escreviam. Tinham de reunir todo o material que o jornalista convencional procurava – e ir além. (Wolfe, 2005, p. 37)

Sobre o tema, assinale a alternativa correta:

a) O jornalismo literário foi um movimento criado na década de 1960 com o objetivo de levar mais entretenimento para o jornalismo, pois os temas eram muito sérios na imprensa desse período.

b) O movimento do novo jornalismo deu início a uma busca desenfreada por informações mais extensas e longas, citadas por Wolfe, que se tornaram práticas dominantes da profissão.

c) O jornalismo literário é um dos exemplos de jornalismo diversional, uma vez que sua função não é apenas informar, mas também oferecer um tipo de entretenimento para o público.

d) O movimento do jornalismo literário pertence ao gênero informativo, mas adota técnicas literárias do jornalismo opinativo, como o uso da crônica e das percepções pessoais no texto.

Perguntas & respostas

Podemos enquadrar uma reportagem interpretativa escrita de forma literária como parte do gênero diversional?
Sim. A classificação por gêneros é uma defesa que deve ajudar a entender a produção jornalística, não é um conjunto rígido de regras, que exclui a possibilidade de um texto ser enquadrado em dois ou mais gêneros.

A interpretação adotada em reportagens especiais não é uma forma de jornalismo opinativo?

Depende. O jornalismo opinativo lida com a defesa de ideias por meio de argumentos. Já o jornalismo interpretativo usa análises na composição de reportagens especiais, o que possibilita ao repórter, por meio de interpretações, apresentar uma visão de mundo. Não há, no entanto, o objetivo de construir um texto para expor sua opinião.

Capítulo
05

Difusão dos gêneros em diferentes plataformas jornalísticas

Conteúdos do capítulo:

- Gêneros jornalísticos adotados nos veículos impressos.
- Características dos gêneros jornalísticos no rádio e na televisão.
- A internet como espaço de produção de novos gêneros jornalísticos.

Neste capítulo, analisamos de que maneira as classificações mudam de um meio para o outro. Inicialmente, abordamos como ocorrem os formatos na mídia impressa. Depois, passamos para o rádio e para a televisão. Por fim, debatemos como entender os gêneros na internet, que abriga as produções de outras mídias, embora revele particularidades que permitem a criação de tipos de jornalismos de informação, opinião, interpretação, diversão e utilidade.

Após a leitura deste capítulo, você perceberá a forma como os gêneros são adotados e adaptados por diferentes meios de comunicação, apontando os formatos mais comuns em jornais, revistas e nas emissoras radiofônicas e televisivas. Também compreenderá a questão dos gêneros no que se refere ao jornalismo *on-line*.

5.1
Na mídia impressa

No Brasil, o debate acadêmico sobre gêneros jornalísticos é predominantemente voltado para as mídias impressas. É possível que você tenha percebido isso ao longo dos quatro primeiros capítulos deste livro, nos quais não poupamos exemplos retirados de publicações nacionais e internacionais. Com o tempo, a segmentação entre opinativo e informativo passou a ser fundamental na rotina dos jornais impressos. Atualmente, esse suporte apresenta seções bem específicas para os dois tipos de textos.

Defesas de ideias precisam ser apresentadas de maneiras diferentes do que ocorre com os relatos noticiosos, pois isso garante que os leitores não se confundam. Um veículo que não apresente essas duas classificações de forma clara acaba parecendo amador ou tendencioso. Omitir a lógica dos gêneros adotados em um jornal significa correr o risco de acabar com a credibilidade do conteúdo. O leitor mais experiente sempre sabe se os textos prezam por um formato ou pelo outro e é capaz de identificar quando este é confuso ou mal-intencionado.

Notas, notícias e reportagens factuais são os textos informativos mais comuns nos jornais impressos. As revistas podem trazer o mesmo tipo de conteúdo, mas com o compromisso de "explorar novos ângulos, buscar notícias exclusivas, ajustar o foco para aquilo que deseja saber, conforme o leitor de cada publicação" (Scalzo, 2011, p. 41). De acordo com Scalzo (2011), o relato noticioso e factual do dia a dia nunca teve destaque nessas publicações, pois as pessoas se informavam antes de os títulos – semanais ou mensais – chegarem às bancas.

Mas, nas últimas duas décadas, a popularização da internet provocou uma crise semelhante no jornal. Quando no início do dia o leitor começa a ler o jornal, uma notícia nele contida já pode estar velha – pois os *sites*, o rádio e a televisão deram a

> Omitir a lógica dos gêneros adotados em um jornal significa correr o risco de acabar com a credibilidade do conteúdo.

informação antes. Esse impasse é relativamente recente, mas transformou a abordagem da imprensa diária, que passou a privilegiar matérias mais extensas.

Tanto nas revistas quanto nos jornais, a entrevista pingue-pongue ainda aparece com bastante intensidade. A *Folha de S.Paulo*, por exemplo, traz uma seção fixa de uma página, às segundas-feiras, com um entrevistado diferente, que explora sua percepção sobre eventos da realidade. *Veja*, *Playboy* e *Época* ainda mantêm as entrevistas em seus conteúdos.

Com base nisso, podemos afirmar que são quatro os principais tipos de textos de jornalismo **informativo** encontrados na mídia impressa brasileira:

1. nota;
2. notícia;
3. reportagem factual; e
4. entrevista.

Além dos textos pertencentes ao gênero informativo, os textos do gênero opinativo, também presentes na mídia impressa, são instrumentos fundamentais para que um meio de comunicação consiga esclarecer quais são seus posicionamentos para os leitores. Rêgo e Amphilo (2010) consideram que esse gênero é o segundo que mais aparece nas mídias impressas brasileiras.

Em revistas e jornais, o editorial é o formato que expressa a perspectiva do veículo. Por sua vez, o artigo é um instrumento que pode ser assinado tanto pelo jornalista quanto por um convidado na defesa de ideias sobre o cotidiano. Já o comentário e a coluna servem de espaços mistos de análises e relatos sobre fatos ou contextos.

A crônica e a resenha são textos que aparecem com menos intensidade nas revistas. Porém, títulos de variedades podem ter um colunista de renome ou uma página cultural que permitem aos formatos serem mais frequentes. A participação do leitor, por outro lado, existe tanto nas revistas quanto nos jornais.

Para resumir, podemos considerar sete tipos de redação como exemplares dos gêneros **opinativos** no jornalismo impresso:

1. editorial;
2. artigo;
3. resenha;
4. coluna;
5. comentário;
6. crônica; e
7. carta.

Também os textos interpretativos surgiram como gênero nos meios impressos no período entre guerras no século XX. Quando os jornais passaram a trabalhar contextos mais densos, os fatos precisaram de uma conjuntura mais ampla para ser entendidos. Costa e Lucht (2010) afirmam que a interpretação também foi uma forma de os jornais físicos competirem com a velocidade do rádio e, posteriormente, da televisão. Assim, era possível redigir um relato mais aprofundado e analítico da notícia divulgada antes pelos outros meios.

Os textos desse gênero precisam disputar espaço com as informações do dia a dia para ser publicados nos jornais. Nas revistas, no entanto, os textos de jornalismo interpretativo se tornaram o principal atrativo. Mesmo porque um veículo semanal ou mensal não tem como competir com a novidade dos outros meios.

Atualmente, consideramos cinco tipos de textos do jornalismo **interpretativos** que aparecem nos veículos impressos:

1. reportagens especiais;
2. análises;
3. perfis;
4. enquetes; e
5. cronologia[1].

Como integrantes do gênero diversional, os conteúdos humorísticos e voltados para o sensacionalismo sempre tiveram espaço nos jornais. A violência, a fofoca e o sexo são os chamarizes da chamada *imprensa marrom*. As colunas de humor, por sua vez, eram responsáveis por fazer as pessoas rirem de assuntos do

• • • • •

1 Analisamos isso no Capítulo 4, mas não custa lembrar: consideramos que muitos desses formatos também podem ser apropriados pela narrativa das grandes reportagens, uma vez que a análise, o perfil e a cronologia são recursos de interpretação usados em muitos textos extensos no jornalismo.

cotidiano. O Barão de Itararé, por exemplo, é personagem de jornalismo de humor que habitou as páginas dos jornais brasileiros por anos. Ficou conhecido por ironizar os bons costumes e o cenário político nacional ainda na primeira metade do século XX.

Também componentes do gênero diversional, as matérias de jornalismo literário exigem espaço dos jornais diários. Por vezes, as reportagens precisam ser publicadas em várias páginas, e isso custa caro e demanda tempo. Novamente, as revistas se tornam um refúgio desse tipo de texto. É o caso da publicação *Piauí*, inspirada na norte-americana *New Yorker*, referência em reportagens que se apropriam de elementos da literatura e ocupam páginas e páginas, para deleite do leitor.

Assim, podemos dividir o jornalismo **diversional** nos meios impressos em três formatos:

1. reportagens literárias;
2. textos jornalísticos de humor; e
3. relatos sensacionalistas de interesse humano.

Por fim, o gênero utilitário certamente habita os jornais com mais intensidade do que as revistas. Logo na capa, veículos como *Gazeta do Povo* e *Folha de S.Paulo* anunciam ao leitor a previsão do tempo para o dia e, frequentemente, a cotação do dólar. Se há um caderno cultural, também há um roteiro dos espetáculos e filmes em cartaz na cidade. Os serviços locais, como horários de funcionamentos de estabelecimentos públicos e mudanças no sentido das ruas, também são mais comuns dentro das publicações diárias.

Serviços que se vinculam às matérias, como endereços de lugares citados na reportagem e preços de produtos consultados, podem aparecer em jornais e revistas com a mesma intensidade. Tudo varia da intenção do editor em transformar parte do conteúdo em uma utilidade para o leitor.

Como parte do gênero **utilitário** na mídia impressa, listamos quatro formatos de conteúdo, os quais orientam os leitores no cotidiano:

1. indicadores;
2. cotação;
3. roteiros; e
4. serviços.

Desde o início da década de 2010, o jornalismo impresso vem sofrendo com uma queda gradual de público. A crise afeta a maneira como os jornais e as revistas organizam o conteúdo, o que, consequentemente, muda o tipo de gênero que utilizam. Com redução de páginas e de pessoal, fato consumado em muitos veículos, há menos espaço e material humano para produzir reportagens que exigem mais tempo e esforço dos jornalistas. Isso abre a possibilidade para uma modificação no quadro de gêneros que acabamos de expor — e que não pretende ser (e não é) definitivo no mapeamento do que é praticado na mídia impressa.

5.2
No rádio

Para discutir os gêneros do radiojornalismo, precisamos levar em conta algumas características próprias do meio. Em um artigo sobre o tema, Lucht (2010) afirma que as emissoras radiofônicas brasileiras têm tradições e práticas muito distintas, pois o rádio é um veículo dinâmico, flexível e plural.

De uma frequência para outra, a programação pode ser completamente diferente. Música, religião e informação se intercalam nas ondas do meio, cada um com seus públicos e anunciantes. O conteúdo noticioso geralmente aparece mesmo em modulações que não são exclusivamente voltadas para o jornalismo.

Quando a programação é musical, costumamos ouvir um apresentador ler notícias, realizar entrevistas e até pequenas reportagens voltadas para determinada área. Um formato bem comum nesses programas é o *flash*, descrito como um material que "equivale ao lide da matéria" e "tem, em média, de 15 a 30 segundos" (Lucht, 2010, p. 275). Na prática, serve como uma nota, só que ainda mais simples. Trata-se de um conteúdo geralmente assinado pelo repórter.

O rádio é um suporte que leva muito em consideração o tempo de duração dos programas que veicula, por isso, estabelece alguns limites de tempo para a veiculação de vários tipos de conteúdo informativo. Isso vale para o *flash* e para a manchete, o anúncio da notícia lido pelo apresentador, mas também para o boletim, descrito como uma matéria breve, que não utiliza sonora[2] (Lucht, 2010). Apesar de ser distinta da notícia, a reportagem factual também é mais longa, com durações que podem chegar a cinco minutos e incluir, além do relato e das entrevistas, elementos do local em que o fato ocorreu.

As entrevistas apresentam um caráter geralmente mais informal do que nos jornais, uma vez que há menos necessidade de editar o que o entrevistado diz. Muitas são, inclusive, feitas ao vivo no estúdio, e adquirem um aspecto de conversa entre o jornalista e a fonte.

Para definir os gêneros **informativos** no rádio, usamos a classificação de Lucht (2010), que considera sete formatos:

1. nota;
2. notícia;
3. *flash*;
4. manchete;
5. boletim;
6. reportagem; e
7. entrevista.

• • • • •

2   Jargão profissional para designar quando entra a fala de um entrevistado em um material produzido para o radiojornalismo.

O rádio também é bastante plural em seus formatos de jornalismo opinativo, os quais aparecem muito em modulações que não são exclusivamente jornalísticas. Há até alguns conteúdos de opinião que aparecem com mais frequência em emissoras menores, sem tradição noticiosa. É o caso do radioconselho, em que o ouvinte pede ajuda ao apresentador ou a um convidado que esteja presente no estúdio.

Por sua vez, o editorial se refere a um espaço de difusão das ideias praticadas pela empresa e pode ser lido por um apresentador. Também pode aparecer de forma independente no meio da programação, reforçando os valores e os princípios zelados pela emissora. São raros mesmo nas programações jornalísticas.

O âncora, o apresentador que opina, pode protagonizar muitos formatos em um mesmo jornal. Ele pode fazer o papel de comentarista, na falta de um especialista sobre o assunto, bem como ler o editorial ou dar um relato testemunhal, formato descrito por Lucht (2010) como uma narrativa que pode servir de alerta para as outras pessoas: a história de um acidente presenciado pelo jornalista, que rapidamente se torna uma lição para os ouvintes.

A resenha e a crônica só aparecem quando são assinadas por convidados ou repórteres que dominam esse tipo de formato. Geralmente, o resenhista comenta os lançamentos semanais próximo à narração do roteiro cultural do fim de semana. Ao término de cada análise, ele indica se o ouvinte deve ou não assistir ao filme em comento. Por sua vez, os cronistas são muito comuns nas transmissões esportivas nas rádios, pois discutem e analisam fatos marcantes da história do esporte.

Como um meio mais dinâmico, o rádio também permite a possibilidade de um debate, em que diferentes vozes contraditórias discutem um tema de interesse público. Esse formato não deve ser confundido com o painel, que também usa convidados que refletem (e muitas vezes concordam) sobre um tema relevante na sociedade.

Lucht (2010) cita ainda a participação do ouvinte, que manda suas opiniões, sugestões e informações por meio de *e-mails*, cartas, mensagens instantâneas e ligações; e a charge eletrônica[3], que apresenta uma ilustração de um personagem, com trechos de falas e uma música. Esse formato é geralmente satírico e comum na Rádio CBN.

Novamente com base em Lucht (2010), consideramos os dez principais formatos do gênero **opinativo** no radiojornalismo brasileiro:

1. editorial;
2. comentário;

• • • • •

3   Optamos por separar o conceito de charge nos jornais impressos como parte de um formato chamado de *jornalismo gráfico*. Marques de Melo (2003) menciona que a charge é um item importante do gênero opinativo. Discutiremos o tema no último capítulo.

3. resenha;
4. crônica;
5. testemunhal;
6. debate;
7. painel;
8. charge eletrônica;
9. participação do ouvinte; e
10. radioconselho.

O jornalismo interpretativo é comum apenas em rádios exclusivamente noticiosas, especialmente porque demanda tempo para ser feito. As reportagens especiais e séries temáticas apresentam uma apuração e uma edição muito mais delicada do que os conteúdos factuais. Não por acaso, esse tipo de reportagem contínua pode até se confundir com o radiodocumentário.

A diferença é que, no documentário radiofônico, o narrador-apresentador pode ser dispensado, a duração é mais longa do que a das reportagens especiais e há mais recursos de sonoplastia. Lucht (2010) menciona que a produção dos radiodocumentários é mais cara, logo, as empresas investem menos neles.

Outra produção interpretativa das rádios se refere às coberturas especiais. Em dias de eleição, grandes tragédias ou aberturas de eventos esportivos como a Copa do Mundo, a emissora desloca grandes contingentes de repórteres, apresentadores e comentaristas para oferecer uma visão ampliada dos fatos do dia para o ouvinte.

Lucht (2010) propõe uma diferenciação entre o perfil e a biografia. Para a autora, o primeiro apresenta aspectos mais conhecidos de uma personalidade pública, por vezes fazendo um julgamento de suas posturas e declarações. O segundo traça um panorama sobre a vida de alguém que teve uma contribuição importante para a sociedade e acabou de morrer. Neste livro, consideramos que ambos pertencem à categoria reportagem especial.

Por fim, a autora também cita os formatos interpretativos: divulgação técnico-científica, que apresenta as novidades de certa área da ciência com as contribuições desse conhecimento para o futuro; e enquete, por meio da qual se ouve a percepção do público sobre determinados assuntos.

Observe a seguir os cinco principais tipos de conteúdo **interpretativo** no jornalismo radiofônico:

1. reportagens especiais e séries de reportagens especiais;
2. coberturas especiais;
3. documentário radiofônico;
4. divulgação técnico-científica; e
5. enquete.

No rádio, o gênero diversional, que classifica as produções jornalísticas como entretenimento, é composto por quatro tipos de conteúdo. O primeiro é formado pelas histórias de vidas, relatos sobre um personagem descrevendo detalhes e reflexões. Seria o equivalente a uma reportagem literária.

O segundo é o que Lucht (2010) chama de *feature radiofônico*, bastante difundido na Europa. Trata-se de uma dramatização de uma história de interesse público, como uma peça de rádio. Muitas vezes, essa dramatização recorre a elementos da ficção para criar um enredo atraente para o ouvinte.

Há também o jornalismo sensacionalista, baseado em notícias de escândalo, sexo e violência. Dessa categoria também fazem parte, por exemplo, relatos sobre a vida íntima de celebridades, detalhes do assassinato de um jovem traficante e, até mesmo, depoimentos de pessoas que foram sequestradas por alienígenas.

Por fim, podemos incluir uma última categoria diversional baseada no humor, em que o conteúdo noticioso geralmente é satirizado ou subvertido. É o caso de um programa como o "Jornal Saca Rolha", que foi ao ar pela Band News FM e ridicularizava os principais assuntos da semana.

Assim, indicamos como os quatro principais formatos do gênero **diversional** no jornalismo radiofônico:

1. histórias de vida;
2. *feature* radiofônico;
3. jornalismo sensacionalista; e
4. jornalismo de humor.

Finalizando o debate sobre os gêneros no radiojornalismo, o utilitário talvez seja o gênero mais presente, entre os citados, nas rádios brasileiras. Anúncios de vagas de emprego, abre e fecha nos feriados, previsão do tempo e pedidos de doação de sangue são serviços de utilidade pública que aparecem em praticamente todas as emissoras. Nas exclusivamente noticiosas, informações sobre o trânsito se tornaram obrigatórias (Lucht, 2010), já que boa parte dos ouvintes dessas programações está no carro, deslocando-se de casa para o trabalho e, por isso, saber se o caminho a ser seguido está ou não livre pode ajudá-los a não enfrentar um engarrafamento.

Lucht (2010) também cita os formatos roteiro, cotação e necrologia como parte do gênero utilitário nos jornais. O roteiro mostra quais são as atrações culturais ou turísticas que estarão em funcionamento. A cotação apresenta o valor de moedas estrangeiras, como o dólar ou o euro. Já a necrologia fornece detalhes sobre a morte de uma pessoa, geralmente extraídos de *sites* de órgãos públicos.

Confira a seguir os seis principais tipos de conteúdo **utilitário** presentes nas rádios brasileiras:

1. trânsito;
2. previsão do tempo;
3. roteiro;
4. serviço de utilidade pública;
5. cotação; e
6. necrologia.

Os gêneros jornalísticos nas rádios ainda podem ser trabalhados sobre outras perspectivas. Ao discutir o tema em um artigo, Reis (2012) menciona que debater essas classificações pode ser um ganho substancial para locutores e ouvintes.

5.3
Na televisão

Na televisão, a lógica dos gêneros jornalísticos é parecida com a do rádio. A presença de entradas ao vivo dos apresentadores e dos repórteres, a preocupação com o tempo e a adaptação do texto para a fala existem em ambos os meios. Porém, a classificação muda de um meio para o outro quando passamos a considerar a presença da imagem.

O texto televisivo, assim como o de rádio, veio do jornalismo impresso. Bonner (2009), ao discutir a rotina de produção do programa *Jornal Nacional*, menciona que é preciso levar em conta as diferenças. A imagem ilustra e informa o que diz o repórter, que precisa ser claro como se estivesse mantendo uma conversa com o público.

No telejornalismo informativo, a presença de imagens divide a nota em dois formatos: simples ou pelada, em que o apresentador lê no estúdio o texto sem imagens; e coberta, na qual há imagens mostrando o fato narrado. As duas podem ser lidas pelo apresentador ou aparecer no formato *stand up*, quando o repórter passa a informação de pé em diante da câmera (Rezende, 2010).

Exemplar do gênero informativo mais longo, a notícia na televisão é marcada pela presença de um *off* (termo usado para descrever a fala do narrador) e de imagens do fato. Pode conter uma breve entrevista, não precisa do repórter em cena e a duração não deve passar de um minuto. Também pode ser dada no formato de *stand up*.

A reportagem factual é um material mais longo que desenvolve em detalhes o que a notícia apenas menciona. A narração da reportagem factual discute as implicações e apresenta ao telespectador o contexto. Rezende (2010, p. 307) afirma que esse formato é composto por cinco partes: "cabeça, *off*, boletim, sonoras e nota pé". O boletim também é chamado de *passagem*, pois é o momento em que o repórter aparece registrando sua presença na cena.

Por sua vez, a entrevista pode ser feita em estúdio ou em uma tomada externa. Nela, o apresentador ou o repórter realiza perguntas para a fonte, com objetivo de extrair informações úteis para o telespectador. As entrevistas podem ser gravadas ou ao vivo, e as externas também podem ser feitas no formato *stand up* com a fonte.

Assim, apresentamos os cinco principais formatos do jornalismo **informativo** na televisão:

1. nota simples ou pelada;
2. nota coberta;
3. notícia;
4. reportagem factual; e
5. entrevista.

No telejornalismo brasileiro, o gênero opinativo é bem expressivo. O editorial geralmente é lido pelo apresentador e expressa os ideais da empresa. Esse formato, na televisão, é mais raro do que o comentário, que pode ser feito pelo apresentador-âncora ou por um especialista que analisa uma notícia. Em transmissões esportivas, os comentaristas são tão importantes quanto os locutores, pois são eles que avaliam como o juiz apita o jogo, se determinada jogada foi adequadamente executada etc.

Por sua vez, as crônicas são menos comuns nos jornais diários, mas aparecem em outros programas de jornalismo – como revistas eletrônicas e *shows* de variedades. Definido como uma mescla de literatura e jornalismo, esse formato ganhou mais recursos na televisão graças à presença de imagens e música (Rezende, 2010).

Os colunistas são convidados que comentam de forma fixa sobre temas específicos. Tomando como exemplo o *Jornal da Globo*, podemos citar os espaços dados aos jornalistas Nelson Motta, que fala sobre cultura e música; Arnaldo Jabor, que discute política e variedades; e Carlos Alberto Sardenberg, que comenta indicadores econômicos.

Já a charge, recurso que geralmente usa animações para fazer um comentário crítico sobre determinado tema que está em alta na sociedade, é um formato mais raro no meio televisivo. Ela também aparece em programas que não são jornalísticos, como as charges animadas criadas para o *reality show Big Brother Brasil* pelo cartunista Maurício Ricardo. Em virtude da especificidade desse formato, os telespectadores raramente são ouvidos, como ocorre no meio impresso e no rádio. Rezende (2010) menciona que a charge só aparece em programas de entrevistas que contam com uma plateia ou com a participação de alguém selecionado dentre os telespectadores.

Com isso, podemos elencar os seis principais tipos de produções do gênero **opinativo** no telejornalismo:

1. editorial;
2. comentário;
3. crônica;
4. coluna;
5. charge; e
6. participação do telespectador.

Como em outros meios, o grande exemplar do gênero interpretativo no telejornalismo é a reportagem especial, que difere das matérias informativas em tempo de duração e linguagem. "O que torna uma reportagem especial é o tratamento mais primoroso, tanto de conteúdo quanto plástico. Ela nos permite aprofundar assuntos de interesse público, que podem estar retratados em uma única reportagem ou em uma série." (Carvalho et al., 2010, p. 21).

Podemos incluir como categoria do gênero interpretativo o uso de múltiplos gêneros em coberturas especiais. Por exemplo, ao longo do processo de *impeachment* de Dilma Rousseff, as emissoras acompanharam a votação na Câmara dos Deputados por meio de reportagens, comentários sobre cada parlamentar e análises de especialistas em política. Na medida do que foi possível produzir em cada emissora, o telespectador teve um quadro mais contextualizado do fato.

Biografias e perfis também são comuns, mas geralmente dizem respeito a matérias que apresentam a mesma abordagem utilizada nas grandes reportagens. O único diferencial é serem centradas em uma personalidade, que pode ou não ter morrido. Por isso, excluiremos esse formato de nossa lista.

O documentário é um formato que se apropria de elementos da grande reportagem. Segundo Rezende (2010, p. 295), trata-se de uma produção que tem raízes históricas no cinema e "propõe-se a apresentar o máximo de informação sobre um tema. Seja qual for o tipo, o documentário recorre a vários formatos: entrevistas, videoclipes, debates".

Como último exemplar do jornalismo interpretativo, também podemos incluir a enquete. Em noticiários e programas de entretenimento que se apropriam de técnicas de apuração jornalísticas, podemos observar a coleta de percepções aleatórias sobre determinados assuntos. Isso vale para a postura de um personagem de *reality show*, uma mudança na legislação de aposentadoria ou uma nova moda, entre outros temas.

Assim, os quatro principais gêneros **interpretativos** no jornalismo televisivo são:

1. reportagens especiais;
2. coberturas especiais;
3. documentários; e
4. enquete.

Como os programas televisivos de entretenimento se apropriam com frequência de técnicas jornalísticas, podemos perceber que o gênero diversional é bem presente no telejornalismo. Revistas eletrônicas como o *Fantástico*, da Rede Globo, lançam semanalmente matérias com histórias de vida e narrativas que usam elementos da literatura. Em uma dissertação sobre o tema, Valim (2016) cita que é preciso ter cuidado ao simplesmente associar o jornalismo literário ao telejornalismo literário, pois são formatos distintos. O primeiro é baseado no texto. O segundo, além da redação, também depende do som e da imagem.

Programas de jornalismo popular, como o *Cidade Alerta* da Rede Record, apresentam inúmeras notícias de violência, escândalos sexuais e bizarrices. O formato abusa dos adjetivos e das imagens de exploração. Por vezes, essas atrações televisivas se apoiam em conteúdos que beiram a ficção. A função também está muito mais próxima do entretenimento do que da informação de utilidade pública.

Outro formato diversional comum nas emissoras brasileiras é o *feature* televisivo. Usamos aqui a mesma denominação adotada por Lucht (2010) para definir esse tipo de produção: uma narrativa que mistura dramatização e relato jornalístico. É o caso do programa *Linha Direta*, série policial da Rede Globo que apresentava casos reais de criminosos foragidos da polícia e, além da reportagem, contava com atores que simulavam o que era dito pelas testemunhas.

O *CQC*, da Rede Bandeirantes, usava comediantes como repórteres e tinha a finalidade de monitorar o Poder Público e usar o humor para divertir. O programa não era o único com essa dualidade, que também pode ser vista em reportagens que, por vezes, são exibidas no *Fantástico*, da Rede Globo, e no *Domingo Espetacular*, da Rede Record.

Com base nesses formatos, podemos identificar quatro exemplares do telejornalismo **diversional**:

1. reportagens de telejornalismo literário;
2. *feature* televisivo;
3. telejornalismo sensacionalista; e
4. telejornalismo de humor.

No telejornalismo, o gênero utilitário também é bastante expressivo, especialmente em noticiários regionais, que apresentam informações e serviços que interferem diretamente na vida do público. Quanto à meteorologia, por exemplo, em âmbito nacional, ela é vaga e rápida, geralmente, restrita às capitais. Mas, nas versões locais dos jornais televisivos, há um trabalho mais detalhado, com foco em imagens e impactos do clima na rotina da cidade.

Ainda, muitos telejornais usam helicópteros ou câmeras de segurança para mostrar a situação das estradas na volta do feriado ou em horários de trânsito mais intenso. Esse recurso auxilia o telespectador a perceber quais são os locais mais engarrafados e que devem ser, por isso, evitados.

Os roteiros na televisão, por sua vez, são mais atraentes para o público porque utilizam a imagem para mostrar uma prévia da atração comentada. O mesmo vale para os serviços de utilidade pública, como preços de produtos em supermercados, horários de funcionamento de feiras de trabalho, pedidos de doação de sangue e anúncios de concursos públicos com inscrições abertas. Já a cotação monetária aparece em forma de pequenas notas ou notícias dentro dos jornais e, portanto, participa mais de um gênero informativo.

Assim, os quatro principais formatos do telejornalismo **utilitário** são:

1. trânsito;
2. previsão do tempo;
3. roteiro; e
4. serviço de utilidade pública.

Apesar dos modelos de classificação propostos neste item, precisamos levar em conta que o debate sobre gêneros jornalísticos na televisão ainda é bastante incipiente. O tema ainda é aberto a novas propostas de segmentação e organização da produção. Afinal, "a evolução da tecnologia das comunicações, a emergência de novas produções jornalísticas, a crescente influência dos canais monotemáticos de telejornalismo, requerem um trabalho permanente de atualização dos gêneros e formatos" (Rezende, 2010, p. 312).

5.4
Na mídia digital

O jornalismo digital é praticamente uma criança quando comparado com as demais mídias, que têm décadas de experiência. No Brasil, os primeiros portais de notícias exclusivamente da internet datam já do início da década de 2000. Antes disso, as empresas mantinham *sites* para inserir as informações publicadas nas versões impressas dos jornais. Muitas, inclusive, postavam apenas parcialmente o conteúdo do impresso, para evitar a fuga de leitores para a *web*.

O tema evoluiu muito nas últimas duas décadas. Uma pesquisa recente mostra que a internet está em segundo lugar na lista de meios usados pelos brasileiros na hora de se informar, perdendo apenas para a televisão (TV é o meio..., 2017). Parte do que é publicado, como observa Bertocchi (2010), ainda apropria os gêneros de outras mídias.

Um portal de notícias apresenta textos que em estrutura não são muito diferentes dos adotados na mídia impressa. Textos e formatos dos gêneros informativo, opinativo, interpretativo, diversional e utilitário, portanto, mantêm-se praticamente os mesmos. Isso também vale para os *podcasts* e programas em vídeos, que usam a mesma estrutura dos gêneros jornalísticos radiofônicos ou televisivos.

Como os processos de concepção dos gêneros não se alteram em relação às outras mídias, podemos, então, tentar pensar o tema a partir de uma nova proposta de classificação. Nesse sentido, Bertocchi (2010) defende que o ciberjornalismo tem características únicas se comparado aos outros meios. Trata-se de uma plataforma que lida com um público mais ativo, com ampla cartela de conteúdos a consumir. A rede tem linguagem multimidiática, que se conecta e converge com outros meios. Não há limitação de tempo ou espaço. Muito do que nela é produzido pode ser feito de forma coletiva e colaborativa. As narrativas não precisam seguir a linearidade tradicional, pois o hipertexto permite atravessar novos temas e mergulhar em uma infinidade de informações.

Diante desse cenário, de manutenção dos gêneros no âmbito da internet e do aparecimento de regras particulares ao meio, Bertocchi (2010) propõe três apontamentos sobre o tema.

O primeiro se refere à ideia de que, na *web*, muitos formatos são retirados diretamente da **mídia impressa**. Isso inclui os textos informativos, opinativos, interpretativos, diversionais e utilitários, que chegam a repercutir mais intensamente em portais de notícias da *web* do que em suas versões originais. Bertocchi (2010) considera que essa característica de transição não quer dizer que os gêneros são imutáveis. "As espécies tendem a se convergir (fusão) e a originar novos subgêneros, ao mesmo tempo em que se redefinem, ganhando autonomia e, sobretudo, reconhecimento de todos os seus interlocutores." (Bertocchi, 2010, p. 324). Nessas mudanças, surgem formatos únicos, como o webdocumentário – que mescla o documentário televisivo com o jornalismo interpretativo do impresso e a interatividade do mundo virtual.

A rede tem linguagem multimidiática, que se conecta e converge com outros meios. Não há limitação de tempo ou espaço. Muito do que nela é produzido pode ser feito de forma coletiva e colaborativa.

O segundo apontamento da pesquisadora é de que os gêneros no ciberjornalismo são **geometrizados**. São matérias que "apresentam-se como modelos tridimensionais (hipertextuais) dentro de uma linguagem (multimídia)" (Bertocchi, 2010, p. 325).

Uma reportagem pode, portanto, direcionar para outra reportagem correlata ou para um artigo sobre o assunto, que não precisa necessariamente ser recente. Assim, o leitor pode passar horas aprendendo e informando-se sobre o tema antes de partir para outra consideração. Essa estrutura de navegação proposta pelo texto deve ser planejada com cuidado pelo jornalista, pois deve acrescentar conteúdo para o internauta, e não desviar seu foco com algo novo.

Por fim, o último apontamento de Bertocchi (2010) é o de que a *web* prevê a existência de um leitor dedicado a produzir conteúdo tanto quanto o próprio jornalista. As seções de comentários nas notícias *on-line* são exemplos disso, pois, nesses espaços, os usuários podem passar muito tempo discutindo o assunto, expressando suas opiniões e apresentando novas informações. Muitos *sites* aderiram à prática de receber notícias, vídeos e imagens dos leitores. Para a autora, isso é sinal de que pode surgir um novo tipo de gênero, voltado às produções de **jornalismo coletivo**.

O tema dos gêneros ciberjornalísticos não deve se esgotar no campo dos *sites* de notícia. Há espaço para pensar a produção de conteúdo para espaços como as redes sociais. Muitos jornalistas produzem conteúdos multimidiáticos exclusivamente para contas do Facebook, do Twitter e do WhatsApp. As possibilidades de construção e percepção de gêneros mal começaram a ser exploradas e, por isso, merecem ser desbravadas.

Síntese

Ao longo deste capítulo, observamos algumas aplicações práticas dos gêneros jornalísticos nos diferentes tipos de mídias. Nos veículos impressos, a relação entre forma e conteúdo resulta em aplicações muito claras de jornalismos informativos, opinativos, interpretativos, diversionais e utilitários. Como as pesquisas de campo surgem desses meios, é fácil observar a presença de tais gêneros em jornais diários e revistas.

Já no rádio e na televisão, essa dinâmica muda um pouco. Os gêneros são mais plurais, e não necessariamente exclusivos de empresas que se dedicam às notícias. Informação, opinião, interpretação, diversão e utilidades públicas aparecem nos dois veículos. Há também formatos próprios da linguagem radiofônica ou televisiva, como o *feature*, o documentário e o boletim.

Por fim, analisamos o webjornalismo, um campo relativamente novo no jornalismo em relação aos outros abordados. Naturalmente, sua potencialidade multimidiática pode constituir novos gêneros, como o webdocumentário. Por enquanto, contudo, os portais de notícias continuam somente a reproduzir formatos da mídia impressa, televisiva e radiofônica.

Para saber mais

AUSTER, P. **Achei que meu pai fosse Deus e outras histórias verdadeiras da vida americana.** São Paulo: Companhia das Letras, 2005.

Durante alguns anos, o escritor norte-americano Paul Auster manteve um programa de rádio no qual ele lia histórias enviadas pelos leitores. A única exigência do apresentador era a de que os relatos fossem verdadeiros. Esse livro compila as melhores narrativas e, de quebra, mostra as possibilidades de explorar o rádio como um espaço de divulgação de jornalismo literário.

BONNER, W. **Jornal Nacional**: modo de fazer. Rio de Janeiro: Globo, 2009.

Livro sobre os bastidores do Jornal Nacional, maior noticiário televisivo do país, transmitido pela Rede Globo. A obra é assinada por William Bonner, apresentador do jornal desde 1996, e revela a estrutura de organização diária da atração, com destaque para a seleção das pautas, dos formatos que costumam ter mais destaque e da organização para coberturas de grandes eventos. O livro também apresenta um capítulo com dicas de redação televisiva, bem útil para quem deseja trabalhar nessa área.

SORKIN, A. **The Newsroom**. EUA: HBO, 2012-2014. Série de televisão.

O seriado criado por Aaron Sorkin é uma produção que rapidamente se tornou referência obrigatória para todos os estudantes de jornalismo. Em suas três temporadas, além de mostrar elementos recentes da rotina jornalística, simulando problemas da prática e discutindo o cenário de crise, o drama também retoma valores da profissão, como a importância da prática do jornalismo informativo. A trama mostra o dia a dia de uma redação de um noticiário televisivo fechada que decide trabalhar com um jornal essencialmente político e independente.

Questões para revisão

1. É possível afirmar que as mídias digitais concentram os mesmos gêneros jornalísticos adotados em jornais e revistas impressos? Justifique sua resposta.

2. Por que os gêneros jornalísticos podem mudar de uma mídia para a outra?

3. Com base na classificação adotada para definir os gêneros jornalísticos na mídia impressa, assinale a alternativa correta:

    a) Com o passar dos anos, o jornalismo informativo precisou se modificar, para não perder audiência para a televisão. Logo, as notas se tornaram analíticas, sem que isso tenha afetado a classificação do texto.

    b) A crise de audiências dos jornais impressos fez muitos proprietários de redação investirem em novos gêneros, como o jornalismo diversional, o jornalismo de construção e o jornalismo de mentalidade.

c) Nos jornais impressos, a opinião do veículo é tão importante quanto a informação. Por isso, os gêneros jornalísticos opinativo e informativo recebem um tratamento igual no número de páginas e no tamanho dos textos.

d) A crise de audiência dos jornais impressos enxugou as redações e tornou mais difícil para o jornal cobrir o factual e investir em formatos mais longos, como as reportagens especiais e as literárias.

4. Com base nos gêneros jornalísticos no rádio, analise as afirmativas a seguir.

I) Os formatos dos gêneros do radiojornalismo são exclusivos das emissoras que se dedicam somente ao conteúdo noticioso.

II) Os gêneros jornalísticos do rádio basicamente reproduzem, com falas, os mesmos formatos de textos do jornalismo impresso.

III) Como é um veículo muito mais popular do que as mídias impressas, o rádio tem formatos únicos, como é o caso do radioconselho e do *feature* radiofônico.

IV) Alguns gêneros opinativos podem aparecer durante a apresentação do radiojornal, quando o âncora costuma analisar diversos assuntos da pauta local.

Agora, assinale a alternativa que apresenta as afirmativas corretas:

a) I e II.
b) I e III.
c) II e IV.
d) III e IV.

5. Analise as duas assertivas a seguir.

I) Os gêneros televisivos seguem uma lógica de classificação semelhante à do rádio, que, por sua vez, empresta a segmentação dos veículos impressos. A dualidade entre o opinativo e o informativo continua sendo o principal pilar dessa divisão. Há distinções quando pensamos aspectos específicos de cada meio.

II) No rádio, a linguagem mais informal e a preocupação com o tempo criam novas formas de informação, opinião, interpretação, diversão e utilidade. Na televisão, a imagem pode ser considerada um elemento que determina a forma de certos gêneros.

Agora, assinale a alternativa correta:

a) As duas afirmativas estão corretas, e a segunda é uma justificativa da primeira.
b) As duas afirmativas estão corretas, mas a segunda não explica a primeira.

c) A primeira afirmativa está correta, e a segunda, errada.
d) A primeira afirmativa está errada, e a segunda, correta.

Perguntas & respostas

A única coisa que diferencia os gêneros jornalísticos no rádio e na televisão é a presença de imagem?
Não. No rádio, os gêneros são estabelecidos com base em uma dinâmica do próprio meio. Cada emissora pode adotar diferentes tipos de conteúdo que se adaptam a seus públicos. O mesmo vale para a televisão. Por isso, os gêneros podem variar muito não só de meio para meio, mas de empresa para empresa e de região para região.

Por que os jornais televisivos parecem mais diversionais do que os jornais impressos ou do rádio?
A televisão é uma mídia mais dinâmica e que precisa de atenção do público. Por isso, os jornalistas mesclam mais elementos visuais e poéticos para chamar a atenção em reportagens factuais, interpretativas e até mesmo opinativas. O objetivo é manter o espectador atento, o que dá a impressão de que o suporte é mais "divertido" do que os demais.

Capítulo
06

Dimensões adicionais dos debates sobre gêneros jornalísticos no Brasil

Conteúdos do capítulo:

- O argumento como elemento definidor dos gêneros jornalísticos.
- Conceitos e práticas do metajornalismo.
- Principais tipos de crítica de mídia e jornalismo.
- Definição de jornalismo gráfico.

Neste capítulo, nosso olhar se volta ao que chamamos de *dimensões adicionais* no tema gêneros jornalísticos. Nas próximas páginas, discutimos itens que circulam as classificações jornalísticas e que não foram desenvolvidos nos capítulos anteriores deste livro.

O primeiro diz respeito a uma concepção teórica de Seixas (2009, 2012), segundo a qual os gêneros precisam ser considerados com base em estruturas enunciativas argumentativas. Depois, analisamos a imprensa que discute a si própria.

O metajornalismo, a crítica de mídia e o *ombudsman* geralmente não se enquadram em formatos de informação, opinião, interpretação, diversão e utilidade. Por isso, foram pensados como debates colaterais sobre a área. Por fim, fazemos uma provocação sobre uma potencial configuração de gênero com base no jornalismo gráfico (infográficos, caricaturas e charges).

Após o estudo deste capítulo, você perceberá que existem outras maneiras de definir os gêneros para além de sua finalidade, sua forma e seu conteúdo. Também poderá conceituar o metajornalismo, a crítica de mídia, o *ombudsman*, a infografia e a charge, apontando suas principais características.

6.1
Dimensão argumentativa

A noção de *gênero* representa um sistema de classificação de narrativas definidas com base em forma, conteúdo e finalidade. No entanto, é possível encontrar correntes teóricas que organizam essas classificações com fundamento no discurso. É o caso da obra de Seixas (2009, 2012).

Vamos, agora, nos debruçar sobre o modo como a pesquisadora desenvolve a ideia de que os gêneros são constituídos a partir de suas estratégias argumentativas, e não em razão de suas finalidades ou formatos. Como a ideia, aqui, é apresentar dimensões adicionais do debate que circulam as classificações de textos no jornalismo, a proposta de Seixas (2009, 2012) funciona como uma maneira bastante particular e bem influente de analisar o tema.

É importante deixar claro que a autora pensa o **argumento** como uma estrutura de enunciação, e não como um elemento da narrativa, a exemplo do que acontece nas redações de opinião – cujo conteúdo é basicamente composto por argumentações.

Na lógica de Seixas (2009, 2012), público e jornalista compartilham conhecimentos. Chamamos esse repertório de **saberes de senso comum**, no qual surgem princípios que estabelecem a relação entre o autor da reportagem e o leitor. Uma dessas premissas é a de que o jornalismo lida fundamentalmente com objetos de realidade, pois há uma crença coletiva "de que a atividade jornalística trata apenas de fatos e dados passíveis de constatação ou de verificação" (Seixas, 2012, p. 30).

A maneira como o repórter apresenta esses objetos, em estruturas argumentativas, é o que define se um gênero é informativo ou opinativo. Um *argumento*, portanto, seria uma maneira de narrar (ou enunciar) determinado fato ao leitor. Quando há um argumento de ilustração, por exemplo, o autor do relato noticioso ou da reportagem usa associações e dados para, de alguma forma, provar que o fato realmente ocorreu.

Uma descrição de um acidente pode se beneficiar de uma associação com outro caso semelhante ou de uma estatística para dar mais credibilidade ao fato. Nesse caso, há argumentos de autoridade na estrutura do texto. O leitor pressupõe que o entrevistado ouvido pelo jornalista é aquele que tem algum tipo de reconhecimento social por dominar um assunto. É a testemunha da tragédia ou o especialista que tem "autoridade (cargo ou conhecimento) para explicar, justificar e analisar" determinado contexto (Seixas, 2012, p. 30).

A autora também cita o argumento da **quantidade**. Por exemplo, um texto com mais fontes dando declarações pode parecer mais verossímil do que um texto sem tantos entrevistados. Por atribuir veracidade ao relato, os argumentos são sempre definidores de conteúdos informativos. Se não há um enunciado com argumentações estruturais balizadas por princípios do senso comum, como cita a autora, o texto é considerado pertencente ao gênero opinativo (Seixas, 2012).

Comentários, crônicas ou resenhas não costumam depender de premissas nem de estratégias argumentativas prévias. A relação com os objetos de realidade não requer que o texto se prove como verossímil em sua estrutura. O conhecimento das redações de opinião é sempre mais subjetivo.

> Isso significa dizer que é o lugar social, a competência e o poder do enunciador naquele momento que vão servir de parâmetro para aqueles objetos [retratados no texto] sob os quais não se tem saber social prévio, sob os quais não se tem acordo social ou sob os quais se faz julgamento de valor. Portanto, não há uma necessidade primeira de verificação, quem manda é o estatuto. (Seixas, 2012, p. 34)

Seixas (2012) afirma que a proposta de analisar a estrutura dos enunciados e as estratégias argumentativas pode ajudar a definir um campo mais rígido de compreensão dos gêneros jornalísticos. Assim, seria possível evitar a sensação de que o campo é amplo demais para ser definido – como comentamos na introdução deste livro e em alguns outros momentos.

A proposta de analisar a estrutura dos enunciados e as estratégias argumentativas pode ajudar a definir um campo mais rígido de compreensão dos gêneros jornalísticos.

É difícil, no entanto, ampliar essa perspectiva pelo modo como a questão dos gêneros tem sido pensada no Brasil. Seria necessário rever as definições já adotadas na teoria e na prática. Afinal, pesquisadores e jornalistas continuam organizando os textos com base na finalidade, na forma e no conteúdo.

6.2
Metajornalismo

Outra dimensão que consideramos ser colateral aos estudos de gêneros jornalísticos é a produção noticiosa sobre a própria comunidade jornalística. O tema ainda é bastante novo na literatura. Tradicionalmente, apenas a academia era interessada em estudar o jornalismo. "Os repórteres nunca são a notícia", defendiam os manuais de redação. Esse cenário, porém, está mudando.

Ao investigar o tema, a pesquisadora portuguesa Madalena Oliveira afirma que o descuido em não cobrir o próprio jornalista deixou a imprensa sem entender que ela mesma era a "manifestação de um poder tão ou mais proeminente que o dos legisladores, governantes ou juízes" (Oliveira, 2010, p. 225). Desde o início dos anos 2000, os grandes jornais brasileiros vêm parecendo mais interessados em discutir o tema nos próprios veículos noticiosos.

Um exemplo é a denúncia contra a revista *Veja* feita em uma reportagem especial do *Domingo Espetacular*, programa da Rede Record, em 2012. Na ocasião, o programa exibiu escutas telefônicas que mostravam uma potencial relação do contraventor Carlinhos Cachoeira, preso acusado de chefiar uma máfia de caça-níqueis, com matérias publicadas na revista (Exclusivo..., 2012).

Oliveira (2010) afirma que o discurso de cobertura da própria mídia pela imprensa deveria prezar pela qualidade ética do trabalho dos jornalistas. Se a mídia tem como função primordial o monitoramento da sociedade e dos poderes, quem fica responsável por monitorá-la? No metajornalismo, a resposta é: a própria mídia. Em momentos de crise da veracidade dos veículos, em que se fala sobre o conceito de pós-verdade para descrever a propagação de falsas notícias nas redes sociais, dispor de uma área de cobertura jornalística sobre o próprio jornalismo é fundamental.

A cobertura midiática do jornalismo pode ser pensada como uma dimensão dos gêneros jornalísticos, na medida em que fragmenta sua intenção de informar sobre a sociedade para informar sobre a mídia. Mudam a função do texto e seus conteúdos, bem mais segmentados e específicos do que nos jornalismos informativo ou interpretativo.

> Em momentos de crise da veracidade dos veículos, em que se fala sobre o conceito de pós-verdade para descrever a propagação de falsas notícias nas redes sociais, dispor de uma área de cobertura jornalística sobre o próprio jornalismo é fundamental.

Outro elemento que permite estabelecer uma possível classificação de um gênero próprio do metajornalismo é o fato de que o senso comum entende que os jornais não devem falar de si próprios. Então, quando discutimos apenas a informação **no** jornalismo, geralmente não incluímos as informações **de** jornalismo.

Em uma pesquisa sobre a cobertura da imprensa nos jornais brasileiros, Braga (2006) identificou uma forte tendência empresarial e econômica no que era publicado. As notícias que ele analisou são por ele descritas como relevantes, pois "seu acompanhamento sistemático permitiria ao leitor aferir a saúde empresarial dos diversos setores da mídia e das empresas que os compõem" (Braga, 2006, p. 151).

Outros materiais comuns de metajornalismo no país são notas que informam o público sobre assuntos variados do universo da profissão. Há dados sobre novos apresentadores de telejornais nacionais, lançamentos de documentários especiais e polêmicas envolvendo a postura de jornalistas na internet. O portal *F5*, do jornal *Folha de S.Paulo*, dedica algum espaço para esses conteúdos em sua cobertura sobre o mundo das celebridades e da cultura midiática.

Muitos veículos investem também em reportagens que têm como pauta a cobertura midiática de determinado assunto. Se um repórter ultrapassa os limites em uma entrevista, isso passa a ser tema dos jornais. A cobertura do sequestro da jovem Eloá Cristina, em 2008, ainda aparece como exemplo do excesso da imprensa nos próprios jornais quando o tema vem à tona. Na ocasião, a adolescente de 15 anos havia sido sequestrada pelo ex-namorado, e alguns programas televisivos chegaram a interferir nas negociações que o criminoso mantinha com a polícia ao entrevistá-lo ao vivo.

Para Braga (2006, p. 156), a contínua e crescente aparição do jornalismo como tema de notícias "é interessante na medida em que oferece ao leitor um olhar sobre a própria ação jornalística". O autor cita especificadamente uma entrevista feita pelo apresentador Gugu Liberato com supostos integrantes do PCC. Quando o caso se revelou uma fraude, jornais como a *Folha de S.Paulo* passaram mais de um mês publicando textos sobre a repercussão da entrevista (Braga, 2006). Nesse sentido, graças ao metajornalismo, o leitor pode entender melhor a lógica do jornalismo e ficar mais atento e crítico aos excessos da profissão.

O posicionamento da mídia nas eleições norte-americanas em 2016 é outro exemplo muito citado e atualmente investigado por especialistas. Ao cobrir a corrida presidencial, canais como a Fox News davam excessivos destaques a boatos envolvendo a candidata Hillary Clinton. Muitos jornais simplesmente não levaram a sério a pré-candidatura de Donald Trump, inserindo a cobertura sobre o republicano como parte das notícias de entretenimento durante parte do período eleitoral. O resultado do pleito, que consagrou o milionário ao posto de presidente dos Estados Unidos, surpreendeu muitos jornalistas do país, e a própria cobertura passou a ser tema de matérias jornalísticas (Ortega, 2016).

6.3
Crítica ao jornalismo

Se o metajornalismo ainda está em crescimento como campo de cobertura jornalística, a crítica de mídia já tem uma tradição bem consolidada dentro e fora do Brasil. Esse tipo de reflexão analítica sobre o jornalismo pode ser associado a uma forma do gênero opinativo, mas, como no caso das notícias sobre a imprensa, discutidas no tópico anterior, o conteúdo é específico o suficiente para render uma classificação própria.

Em seu livro *A sociedade enfrenta sua mídia: dispositivos sociais de crítica midiática*, Braga (2006) comenta que o processo de crítica ao jornalismo funciona como um sistema de resposta social que surge da interação midiática com a sociedade. Dentro e fora dos jornais, há dispositivos institucionalizados em que a atividade jornalística é monitorada. Um desses espaços é o *ombudsman*, do qual trataremos com mais atenção no próximo item.

Há também respostas especializadas, como é o caso dos monitoramentos midiáticos – geralmente feitos pelos próprios jornalistas –, e respostas da sociedade, como os espaços de comentários nos *sites* e as cartas dos leitores. Braga (2006, p. 48) afirma que o mais relevante no trabalho [de crítica midiática] não é oferecer afirmações peremptórias que digam o que são e como funcionam a mídia e seus produtos, mas sim a possibilidade de contribuir com critérios diversificados, procedimentos e "vocabulário" para que os usuários da mídia exerçam e desenvolvam sua própria competência de seleção e de interpretação do midiático, e para que participem com eficácia do debate social sobre a mídia.

Há portais *on-line* exclusivamente voltados para a crítica e o monitoramento de mídia. O conteúdo da maior parte deles é bastante diversificado, com notícias, análises e artigos. Motta (2008) alerta que tais *sites*, que recebem o nome de *observatórios*, costumam trabalhar com a crítica de mídia voltada para o posicionamento ético e político.

Desde o início dos anos 2000, o aparecimento de *observatórios* tem representado uma preocupação de grupos específicos em relação ao uso da mídia. No Brasil, as experiências de observação sistemática da mídia são bastante plurais e nem sempre permanentes. O projeto Rede Nacional de Observatórios de Imprensa (Renoi) reúne uma dezena de *sites* especializados em crítica de jornalismo, com diferentes propostas e origens, mas sua página oficial está inativa desde 2013.

Mapear o *site* da Renoi¹ significa traçar um breve panorama da crítica de mídia feita em território nacional nos últimos anos. Há veículos com preocupações amplas, como o *Observatório da Imprensa*, maior exemplar do gênero no país; e projetos segmentados, como a Agência Nacional dos Direitos da Infância (Andi), voltada para o monitoramento de matérias que tratam de crianças e adolescentes. O *site* também tem espaço para produtos laboratoriais de universidades de comunicação, como o *Observatório da Ética Jornalística* (Objethos), e projetos federais, como o *Observatório de Saúde na Mídia*, mantido pela Fundação Oswaldo Cruz².

Segundo Motta (2008), os observatórios de jornalismo geralmente apresentam resultados mais eficazes do que os trabalhos acadêmicos tradicionais. Os *sites* que monitoram a mídia "vão além do denuncismo: apontam alternativas, buscam soluções práticas. Querem influir nos processos produtivos da mídia: revelar os desvios, a parcialidade, a superficialidade, a descontextualização e as baixarias" (Motta, 2008, p. 22).

O ato de criticar a mídia é, portanto, uma ação que busca melhorar a imprensa. Trata-se de um processo que precisa ser feito com atenção. Em um texto sobre o tema, Christofoletti

• • • • •

1   Disponível em: <http://renoi.blogspot.com.br>. Acesso em: 9 abr. 2018.
2   O *site* também parece um grande cemitério de projetos descontinuados, visto que muitos *links* para observatórios que tinham propostas interessantes não estão mais no ar.

(2008) sugere que, quem for elaborar esse tipo de reflexão, deve olhar com cuidado como o jornalismo se comporta em determinada sociedade.

É preciso perceber, menciona o autor, como os profissionais de imprensa relatam os acontecimentos e imprimem suas percepções (Christofoletti, 2008). O observador deve levar em conta as especificidades de cada meio e a linguagem pela qual o material é feito. Os contextos de produção, circulação e consumo também podem fazer diferença nessa análise.

O ato de criticar a mídia é, portanto, uma ação que busca melhorar a imprensa. Trata-se de um processo que precisa ser feito com atenção.

A observação difere da mera percepção porque apresenta uma análise daquilo que vê. *Observar*, defende Christofoletti (2008), sempre significa interpretar e, por vezes, identificar o que pode melhorar. Por isso, o ato do crítico de mídia que escreve observações é sugerir soluções para certos problemas ou provocar questionamentos e inquietações no público.

No portal de jornalismo cultural *A Escotilha*, a pesquisadora Maura Martins escreve semanalmente sobre mídia. Muitos de seus textos tratam do jornalismo e chegam a ser republicados no *Observatório da Imprensa*. Confira a maneira como ela elabora suas percepções críticas no trecho a seguir.

Precisamos falar sobre ética na televisão

[...]

Em uma obra bastante conhecida, o professor Eugênio Bucci pontua que nós, jornalistas, não costumamos gostar de falar sobre ética. As razões são várias, mas uma delas me chama mais a atenção: como o ofício jornalístico é marcado essencialmente pela rapidez, pelo dinamismo, não há como parar as atividades cotidianas para discutir cada decisão que precisa ser tomada. É preciso continuar sempre fazendo, automatizar o que se faz; caso contrário, a prática jornalística viraria uma espécie de "assembleísmo" sem sentido.

Esta característica inescapável acaba meio que apagando a noção sobre algo inerente à profissão: o fato de que tudo que se faz no jornalismo gera, inevitavelmente, uma vítima. Seja a empresa que foi denunciada, o cidadão acometido por um erro numa matéria ou um político que teve reveladas as suas práticas corruptas, todos são "vitimados" pelo jornalismo, para o bem ou para o mal.

Ou seja, provavelmente se nos lembrássemos disso o tempo todo, nenhum tipo de notícia seria possível. De alguma forma, me parece que hoje vivemos num momento marcante sobre este não questionamento em relação à veiculação de certos

> fatos – algo que se potencializa pela razão que tudo está ao alcance de uma máquina, de um clique, de um celular que vai gerar um vídeo. Tudo se torna filmável, registrável. O grande risco trazido por este fenômeno é o de acharmos que tudo é noticiável. [...]

Fonte: Martins, 2016.

O excerto de Martins (2016) refere-se à abertura de um texto sobre ética na imprensa. A autora busca referências na academia para ponderar sobre as falhas da cobertura jornalística de certos assuntos e, posteriormente, analisar um caso específico. Como observação, esses três primeiros parágrafos consideram o contexto da produção noticiosa e suas limitações. Trata-se de um trabalho de diagnóstico dos problemas da profissão.

Esse exemplo também serve para discutir como a crítica de mídia é específica e, muitas vezes, feita para um público iniciado nas discussões da área. Uma possível classificação desse tipo de crítica como gênero pode levar em conta as particularidades de seus conteúdos e suas finalidades.

6.4
Ombudsman no jornalismo

O *ombudsman* é um espaço de autocrítica no jornalismo. Serve como um mecanismo de controle de qualidade, em que um profissional comenta e analisa o produto com um olhar interno, mas na defesa do leitor. Funciona também como um reconhecimento das limitações e dos erros de um veículo no dia a dia da cobertura.

A expressão *ombudsman* nasceu na Suécia, no início do século XVIII. Era usada para definir um funcionário do governo que ouvia as queixas dos cidadãos (Costa, 2006). No jornalismo, a ideia de um ouvidor oficial apareceu primeiro nos Estados Unidos. Em 1967, o jornalista John Herchenroeder foi incumbido de lidar com as queixas dos leitores do *Louisville Courier-Journal* e do *The Louisville Times*.

O autor menciona que, pouco tempo depois, os *ombudsmen* conquistaram o papel de representar o leitor no jornal. Eram eles que processavam as reclamações do veículo e tentavam resolvê-las, muitas vezes publicando-as em uma coluna semanal.

Nos anos de 1980, jornais como o *The New York Times*, *The Washington Post* e *El País* tinham instituído um profissional para elaborar a autocrítica de seus conteúdos. Aqui no Brasil, a *Folha de S.Paulo* foi a pioneira, ao inaugurar a coluna de *ombudsman* em 1989. Além do diário paulista, no país existe apenas mais um jornal com a função, o diário cearense *O Povo*.

Em um texto para a *Revista Imprensa*, o repórter Edson Caldas sugere que a raridade dos *ombudsmen* nos jornais brasileiros se intensificou com o novo momento da profissão, que se vê diante de uma participação massiva do público. Com as redes sociais, a crítica dos leitores chega instantaneamente. "A espessa parede que um dia dividiu os meios de comunicação de seus leitores caiu" (Caldas, 2013).

Essa autocrítica dos jornais segue uma lógica de resposta semelhante à das críticas de mídia, discutidas no item anterior. Braga (2006) defende que esse tipo de texto crítico contempla ao menos alguns objetivos básicos. O primeiro é o de que há sempre uma lógica de **acompanhamento sistemático** e de avaliação dos produtos. Isto é, o profissional que ocupa a cadeira da autocrítica mantém um contato constante com o leitor, referenciando as cartas e as reclamações enviadas ao jornal. O segundo objetivo se refere ao impacto que, em longo prazo, o *ombudsman* provoca no próprio jornal: o **aperfeiçoamento do conteúdo**.

As colunas de autocrítica também acrescentam uma imagem de responsabilidade ao conteúdo. Segundo Braga (2006, p. 91), o veículo aparece como "preocupado com as perspectivas externas (o leitor) e com uma visão ao mesmo tempo 'escolada' (o *ombudsman* é um jornalista) e relativamente independente".

O profissional responsável pelo *ombudsman* é quem garimpa os erros do jornal. Na descrição da função no jornal, a *Folha de S.Paulo* menciona que esse sujeito também deve "receber, investigar e encaminhar" (O que é..., 2014) as reclamações dos leitores. Além disso, também deve "realizar a crítica interna do jornal e, uma vez por semana, aos domingos, produzir uma coluna de comentários críticos sobre os meios de comunicação" (O que é..., 2014).

Levando em consideração a descrição feita pelo jornal, seria fácil descrevermos a produção do *ombudsman* apenas pelo formato de seus textos: o **comentário**. A finalidade de melhoria do jornal, no entanto, parece específica demais. Outro diferencial é o fato de que o *ombudsman* é um **cargo**. Na *Folha*, o jornalista que serve como crítico do veículo exerce um mandato de um ano, que pode ser renovado por até três vezes. Para garantir algum tipo de independência, o profissional não pode ser demitido e tem seis meses de estabilidade após deixar o espaço para um sucessor. Nesse veículo, os textos do profissional que ocupa esse cargo são publicados aos domingos e, embora tenham a própria *Folha* como objeto de crítica preferencial, também discutem aspectos gerais da imprensa.

Observe o exemplo a seguir, retirado de um texto escrito pela jornalista Paula Cesarino Costa (2016):

O golpe da falsa notícia

[...]

Há um golpe novo na praça. O golpe da notícia falsa. Em meio à crise política da semana passada, quando o STF discutia o afastamento do presidente do Senado, Renan Calheiros, foi-me encaminhada mensagem de pessoa próxima. Dizia reproduzir notícia relevante. Tinha como título: "Temer faz reunião emergente com o comando militar". O erro crasso de trocar reunião "urgente" por "emergente" me fez, depois de alguns risos, ir adiante.

"Caso senadores aprovem medidas contra a Lava Jato, o Exército entrará em ação por ordem do presidente Michel Temer (...). Segundo fontes do Congresso, Michel Temer solicitou uma reunião com os comandos das forças militares para pedir apoio em seu plano para conter a corrupção e dar uma resposta para sociedade, antes que o caos tome conta do país. (...) Primeiro ele faria a solicitação de fechamento do Congresso, para que seja mantida a operação Lava Jato. Depois seria solicitado por ele uma intervenção militar, para que todos, sem exceção, sejam investigados e processados. E os militares ficariam no poder do país até se organizassem novas eleições."

A "notícia", de pouco mais de 500 palavras, prosseguia, em português ruim e ideias toscas. Não vale a pena continuar a reproduzi-la. Foi fácil rastrear sua origem. Um suposto site de bastidores da notícia, produzido por um radialista e um engenheiro, com um lema: "Nossa bandeira jamais será vermelha".

Outro site tem nome que busca confundir os leitores para que o tomem como a seção política da Folha. Em geral, reproduz notícias da imprensa, mas com títulos distorcidos. Exemplo: "Lula se prepara para deixar o país", afirma um de seus posts, cujo conteúdo não ampara a afirmação sustentada no título.

São apenas dois casos entre muitos dos que circulam por aí. Apesar do pensamento e dos formatos toscos, não há inocência neles. As redes sociais estão repletas de armadilhas e de gente ganhando dinheiro de forma eticamente condenável.

A comunicação empresarial e a política recorrem com frequência a robôs que criam contas falsas e espalham conteúdo em escala industrial. Esse conteúdo – algumas vezes propagandístico, outras vezes falso – atende a interesses. É pago por alguém que lucra com ele. Muitas vezes é dinheiro, outras é poder político ou dividendos eleitorais.

Perfis falsos podem amplificar a rede de seguidores de determinado político ou inflar discussões sobre pontos de vista específicos – a favor ou contra determinado tema. Espalham também notícias falsas.

Os algoritmos das redes que definem o que aparece na página de cada usuário dão preferência a temas que são comentados por muitas pessoas. Por isso, gasta-se dinheiro para obter o efeito manada, no qual um empurra o post do outro sem nem saber por que o faz.

Paulo Cesarino Costa/Folhapress

Fonte: Costa, 2016.

Nesse trecho, podemos observar que a autora cita a *Folha de S.Paulo* apenas uma vez. O interesse dela, no entanto, parece ser o de discutir o próprio jornalismo e a circulação de notícias falsas. Trata-se de um texto de conscientização, que tenciona esclarecer o processo de consolidação da notícia para o leitor e, talvez, para os jornalistas que não estão dando a devida atenção ao problema. Como no metajornalismo e na crítica de mídia, não há um formato exclusivo de produção de *ombudsman*. O texto deve cumprir seu papel de levar reflexão ao público sobre o jornal. O conteúdo, evidentemente, deve ser a própria mídia.

6.5
Jornalismo gráfico

No sistema de classificação tradicional dos gêneros jornalísticos, os formatos exclusivamente imagéticos geralmente são excluídos ou agregados a outras categorias. Exemplos disso são a fotolegenda e a fotonotícia, formatos adotados pelo jornalismo informativo, apesar serem considerados por alguns autores, como Sousa (2001), como *gêneros independentes*. Neste livro, não distinguimos os dois formatos, pois são muito semelhantes aos conceitos de nota e notícia. A charge, a caricatura e o infográfico, por outro lado, parecem ser casos mais controversos.

Na classificação de Marques de Melo (2003), a caricatura e a charge são parte do gênero opinativo. O infográfico não aparece com destaque, mas usualmente é um formato associado ao jornalismo informativo ou interpretativo, na medida em que explora visualmente informações obtidas pela apuração de um repórter.

A charge, a caricatura e o infográfico nem sempre são feitos exclusivamente por jornalistas. Afinal, são materiais que exigem algum tipo de competência artística. Os veículos da imprensa contam com departamentos exclusivos de arte e *design* que desenvolvem a parte de infografia, e os cartunistas criam os próprios desenhos.

O processo de elaboração de **infográficos** para os jornais impressos e para a *web* geralmente parte do editor ou do repórter. São eles que reúnem o material para inserir na arte. Depois, os dados coletados ficam sob a responsabilidade de alguém que pense a organização visual desses dados. Alguns *sites* apresentam *layouts* pré-formatados para facilitar o trabalho de montagem de infográficos.

Teixeira (2010) afirma que a infografia combina imagens e textos para explicar, e não apenas expor a informação para o público. É o caso de uma linha do tempo, com ilustrações que mostram o passo a passo de uma cena, contextualizadas por parágrafos geralmente assinados pelo jornalista. Nos veículos impressos, esse tipo de conteúdo é postado ao lado de reportagens, como um recurso adicional. Algumas revistas têm seções exclusivas para eles. É o caso da *Superinteressante*, que sempre apresenta um trabalho refinado na elaboração de infográficos.

Para Teixeira (2010, p. 33), "todo infográfico deve conter alguns elementos obrigatórios, a saber: (1) título; (2) texto introdutório – uma espécie de *lead* de poucas linhas com informações gerais; (3) indicação das fontes; e (4) assinatura do(s) autor(es)". A autora também defende que um bom trabalho de infografia apresenta diversos tipos de imagens e recursos. Não deve ser confundido com um gráfico, que apenas dispõe os dados visualmente e não requer apuração ou conexão com novas fontes de informação. Observe a imagem a seguir.

Figura 6.1 – Infográfico "Violência urbana", publicado na *Superinteressante*

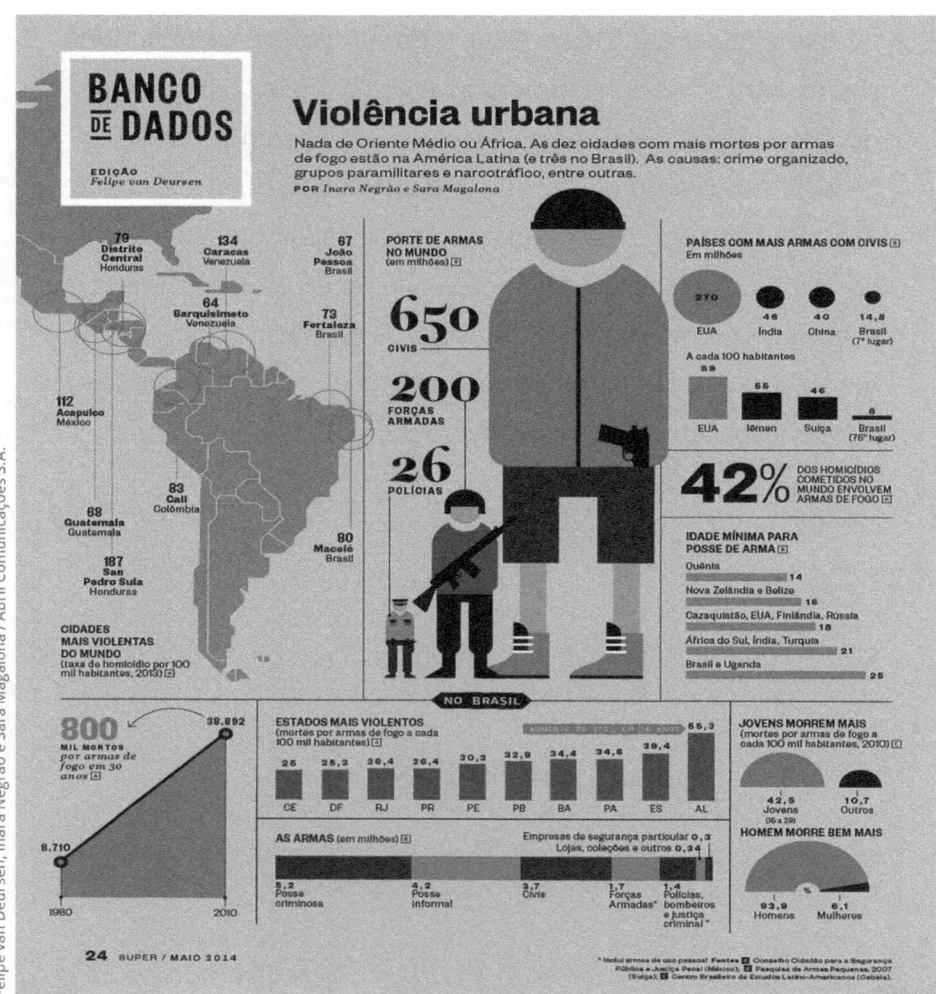

Fonte: Van Deursen, 2014.

A relação entre imagem e texto, da maneira como aparece na Figura 6.1, cria um panorama de compreensão mais amplo do contexto retratado, especialmente se considerarmos que essa quantidade de dados sobre violência urbana dificilmente seria atraente para o leitor se fosse contemplada em um único texto (informativo ou interpretativo). Isso poderia ser a base para um novo tipo de classificação, visto que a finalidade e a forma são bastante particulares na infografia.

Por sua vez, a **charge** e a **caricatura** também parecem ter suas particularidades em relação à função social e estrutura. São produções que dependem de um desenhista e não são feitas necessariamente por jornalistas. Na percepção de Marques de Melo (2003), esses materiais imprimem a opinião do artista, como um comentário ou um artigo, geralmente ironizando uma pessoa ou uma situação.

A caricatura é um "retrato humano de objetos que exagera ou simplifica traços, acentuando detalhes ou ressaltando defeitos" (Marques de Melo, 2003, p. 167). Trata-se de uma arte que busca o humor e reforça a crítica social. O cartunista Paixão, do jornal *Gazeta do Povo*, é conhecido por brincar com as emoções dos personagens que retrata. Em seus desenhos, parlamentares mostram-se constrangidos diante de um escândalo, atores ficam tristes com a morte de um colega e jogadores de futebol comemoram a vitória com algum comentário irônico.

No exemplo da Figura 6.2, Paixão traça um retrato do ex-presidente da República José Sarney sobre a constante presença do político em Brasília, apesar da idade. A charge mostra Sarney animado por sair de uma cova de um cemitério, com um sorriso discreto que acompanha um aceno amargo.

Figura 6.2 – Charge de Paixão, publicada no jornal *Gazeta do Povo*

Paixão. *Gazeta do Povo.*

Já a caricatura não precisa estar vinculada a um fato noticioso nem é necessário que seja estruturada em uma narrativa. Ao estabelecer a diferença entre esse formato e a charge, Romualdo (2000) lembra que a produção chárgica lida com informações por meio de desenhos e textos. Nessas redações visuais, "os chargistas colocam suas opiniões, suas críticas a personagens e fatos políticos" (Romualdo, 2000, p. 18), ao passo que na caricatura há apenas uma percepção inserida em um retrato.

A charge é mais clara em suas intenções e na mensagem que quer passar ao leitor. Ela pode ser dividida em quadros ou apresentar uma única imagem. O texto pode ser acompanhado de balões de diálogos ou ser uma espécie de narração do chargista. Em um jornal, o formato se confunde com o cartum e a tirinha – especialmente porque muitos desses materiais são publicados na mesma página em certos veículos.

Marques de Melo (2003, p. 167) afirma que o cartum (ou *cartoon*) é uma "anedota gráfica". Serve como uma expressão criativa, não necessariamente vinculada a determinado fato, mas que oferece um comentário sobre algum elemento social. Pode adentrar o campo da ficção com alguma facilidade.

A tirinha (ou *comic*) é mais comumente conhecida como *história em quadrinhos*. A linguagem dos gibis, aliás, surge desse formato. Durante muito tempo, as histórias de personagens como Superman, Popeye e Turma da Mônica eram publicadas em jornais de forma seriada. Depois, os personagens ganharam suas próprias revistas. Usualmente, não se trata de um formato jornalístico.

Romualdo (2000) defende que a charge é um tipo de cartum, mas focado em um fato – usualmente político. "Uma boa charge deve procurar um assunto momentoso e ir direto onde estão centrados a atenção e o interesse do público leitor." (Romualdo, 2000, p. 21).

No exemplo a seguir, Benett, chargista da *Folha de S.Paulo* e da *Gazeta do Povo*, ironiza o governo do norte-coreano Kim Jong-un, baseando-se no culto à sua personalidade. De um lado, é um ditador que precisa de atenção. Do outro, um sujeito amargurado com poder nuclear nas mãos.

Figura 6.3 – "Kim Jong-un", charge de Benett

Embora abertamente façam parte do gênero opinativo, charge e caricatura são constituídas de elementos visuais que as transformam em formatos distintos do que caracterizamos como *texto de opinião* no terceiro capítulo deste livro. Esses tipos de jornalismo gráfico podem ser muito mais profundos e abertos em significados. Apesar de apresentarem uma opinião, não necessariamente se posicionam diante de um fato e podem, muito bem, servir como entretenimento. Representam, no mínimo, formatos com possibilidades de hibridização com outros gêneros e merecem ser discutidos como categorias isoladas no futuro.

Síntese

Neste último capítulo, abordamos os tópicos que chamamos de *dimensões colaterais* dos debates sobre gêneros jornalísticos no Brasil. O primeiro deles diz respeito ao sistema de classificação proposto por Seixas (2009). A autora sugere que o gênero informativo deve ser diferenciado do opinativo pela estrutura argumentativa do enunciado. Isso excluiria a definição por finalidade ou conteúdo, que adotamos ao longo deste livro.

Na percepção da pesquisadora, essa estratégia argumentativa seria uma maneira de atribuir veracidade ao conteúdo jornalístico. Se o jornalista faz associações, fornece exemplos, bem como recorre a muitas fontes e a pelo menos um especialista, o conteúdo consegue reproduzir a realidade com mais objetividade e de forma mais verídica. Quando esses argumentos não aparecem, o texto é opinativo e, em geral, subjetivo.

Outra dimensão adicional da discussão sobre gêneros jornalísticos refere-se à especificidade dos conteúdos que trabalham exclusivamente com a própria imprensa. É o caso do metajornalismo, a produção noticiosa sobre o jornalismo. Tais materiais têm aparecido com mais frequência nos veículos brasileiros, pois ajudam a manter a qualidade das notícias e coberturas jornalísticas.

A crítica de imprensa, por outro lado, ajuda o público a refletir sobre as práticas do jornalismo, muitas vezes cobrando abertamente uma melhoria de qualidade. Atualmente, os principais veículos de crítica midiática são os observatórios de imprensa – espaços de divulgação de análises e comentários sobre os jornais no Brasil. Talvez o maior exemplo desse tipo de produção seja o *ombudsman* – uma coluna ocupada por um jornalista dedicado a servir como a voz do leitor nos jornais, criticando o jornal e a imprensa com regularidade.

No último item do capítulo, lançamos uma provocação para que se comece a pensar o jornalismo gráfico. Nesse sentido, infográfico, charge e caricatura – formatos do jornalismo gráfico – costumam ser associados a outras classificações, mas a capacidade de passar informações por meio de imagens significa a possibilidade de criar conteúdo com formas de apresentação e finalidades bastante particulares. Essa característica é suficiente para iniciar um debate sobre uma nova categoria de gênero.

Para saber mais

MALCOLM, J. **O jornalista e o assassino**: uma questão de ética. São Paulo: Companhia das Letras, 2011.

Nesse romance-reportagem, Janet Malcolm investiga os limites éticos da imprensa ao retratar o caso de um médico que, acusado de assassinar a família, processa um repórter que escreveu um livro sobre ele com base em entrevistas feitas na prisão. A autora toca em feridas como a liberdade de trabalho dos jornalistas e os excessos comuns à profissão. A reflexão serve como produto de crítica midiática e monitoramento.

SPIEGELMAN, A. **Maus**: a história de um sobrevivente. São Paulo: Companhia das Letras, 2005.

Embora não seja uma obra necessariamente jornalística, essa narrativa em quadrinhos mostra o potencial do jornalismo gráfico para trabalhar até mesmo com reportagens. Neste livro, o ilustrador Art Spiegelman retrata as experiências do pai, que ficou preso em um campo de concentração durante os anos finais da Segunda Guerra Mundial. Fruto de muita pesquisa, o retrato também é poético, pois utiliza animais como alegorias de judeus e nazistas.

O PREÇO de uma verdade. Direção: Billy Ray. EUA: Sony Pictures, 2003. 94 min.

Essa obra pouco comentada apresenta a história real de um jovem jornalista que inventava reportagens especiais para uma revista de jornalismo literário. A farsa foi aos poucos sendo descoberta por outros profissionais da imprensa, que fizeram um exercício de crítica midiática e metajornalismo. O filme lida com a fabricação de notícias falsas e é bem relevante para discutir o cenário da pós-verdade.

Questões para revisão

1. O que representa o *ombudsman* em um jornal?

2. A charge assinada pelo cartunista carioca Latuff, a seguir, pode ser considerada um exemplo de jornalismo gráfico ou opinativo? Explique sua resposta.

3. Sobre a classificação de gêneros por estruturas argumentativas, proposta por Seixas (2009), analise as assertivas a seguir.

I) O sistema de classificação por argumentos narrativos busca identificar como o conteúdo informativo adquire veracidade. Essa estratégia serve para deixar o texto com mais credibilidade, por meio de exemplos, associações e múltiplas fontes.

II) Quando um conteúdo jornalístico não tem argumentos que ajudam na construção de um discurso de veracidade, em geral, afirma-se que ele é opinativo.

III) Os argumentos são uma maneira de convencer o leitor de uma ideia que circula na sociedade e que tenha relevância para ele.

IV) A argumentação só pode classificar o jornalismo de interpretação, uma vez que serve para determinar uma análise feita por repórteres e especialistas.

Agora, assinale a alternativa que apresenta as assertivas corretas:

a) I e II.
b) I e III.
c) II e IV.
d) III e IV.

4. Sobre o metajornalismo, assinale a alternativa **incorreta**:

   a) A produção noticiosa sobre o jornalismo é rara porque costuma contrariar o senso comum da profissão, segundo o qual os jornalistas nunca podem ser a notícia.

   b) As notícias sobre as coberturas noticiosas ajudam a esclarecer os procedimentos da imprensa para os leitores e a manter a qualidade do conteúdo.

   c) A cobertura da imprensa sobre o mundo dos jornalistas também tem como finalidade celebrar os casos de sucesso da profissão e criar os repórteres celebridades.

   d) Tradicionalmente, os jornais só se tornavam notícia quando extrapolavam limites da ética profissional, mas isso tem mudado graças ao interesse pela profissão nas redes sociais.

5. Leia atentamente as assertivas a seguir.

   I) A crítica de mídia é um tipo de resposta social do público e de instituições que reagem à produção de conteúdo. Serve como um sistema de controle de qualidade, em que a sociedade monitora se a ação dos veículos de comunicação é condizente com a função que eles deveriam exercer na sociedade.

   II) No jornalismo, esses mecanismos de reação à produção midiática podem desenvolver um processo de crítica à prática da noticiabilidade. Artigos e comentários que analisam a mídia são contrapontos à autoridade do repórter e do editor, que se tornam alvos de perseguição dos críticos, geralmente aglomerados em um observatório de imprensa.

Agora, assinale a alternativa correta:

a) As duas afirmativas estão corretas, e a segunda explica a primeira.
b) As duas afirmativas estão corretas, mas a segunda não explica a primeira.
c) A primeira afirmativa é correta, e a segunda, errada.
d) A primeira afirmativa é errada, e a segunda, correta.

Perguntas & respostas

O metajornalismo é um gênero jornalístico?

Não. A produção de jornalismo sobre jornalismo pode ser dividida em jornalismo informativo, opinativo, interpretativo, diversional e utilitário. Contudo, as universidades ensinam aos futuros jornalistas que a imprensa raramente fala de si mesma, o que faz com que o tema seja uma espécie de tabu entre profissionais, que evitam escrever sobre ele. Por esse motivo é que optamos, nesta obra, por inserir esse tipo de produção como uma "dimensão adicional" sobre os gêneros jornalísticos.

Os jogos jornalísticos (*newsgames*) enquadram-se em que tipo de classificação?

A produção de *newsgames* no Brasil ainda não é ampla o suficiente para que se possa inseri-los em uma análise detalhada. É bem possível, no entanto, que os jogos jornalísticos interativos possam ser considerados produtos de gêneros mistos, em que o jogador se informa por meio de recursos gráficos em plataformas virtuais. Trata-se de um campo de investigação a ser desbravado por pesquisadores e profissionais da imprensa.

Estudo de caso

O jornal *Folha de S.Paulo* tem investido em diferentes tipos de conteúdo nos últimos anos, com vistas ao fortalecimento da marca e à fuga da crise. O veículo já havia sido pioneiro na inserção do formato *ombudsman* no país, apresentando um espaço de autocrítica aberto ao público. Recentemente, assumiu a postura de convidar diversos nomes importantes da cultura, da política e da sociedade para atuar como colunistas e reforçar o caráter opinativo de certas seções. O investimento em opinião também ocorre na apresentação de resenhas, o que consolida o caderno *Folha Ilustrada* como um dos mais relevantes no cenário artístico e cultural do país.

A *Folha de S.Paulo* também tem investido bastante no jornalismo informativo, apostando em seções de entrevistas fixas e inovando, vez ou outra, ao apresentar modelos de textos como os depoimentos – formato semelhante ao pingue-pongue, mas no qual o resultado da conversa com o repórter é transformado em uma história narrada em primeira pessoa.

As grandes reportagens, o jornalismo literário e os serviços também são trabalhados pelo veículo. Na área *on-line*, há programetes televisivos, infográficos interativos e até mesmo *newsgames* sobre política. A aposta em um conteúdo plural e repleto de diferentes tipos de gêneros jornalísticos tem um grande efeito sobre o número de leitores e a credibilidade do jornal, que, mesmo em um momento de crise do meio, consegue se manter com influência entre os jornais mais lidos do país.

Para concluir...

Chegamos ao fim deste livro com a sensação de que o panorama traçado foi apenas uma introdução ao tema dos gêneros jornalísticos na teoria e na prática. Reforçamos essa ideia em praticamente todos os capítulos, mostrando que a investigação na área ainda é recente e merece ser aprofundada por novos autores.

Ao longo dos capítulos desta obra, estabelecemos uma noção geral sobre o que significam os gêneros e como eles são adaptados para o jornalismo. Também evidenciamos o potencial dos gêneros em constituírem objeto de estudo em pesquisas acadêmicas. Inclusive, boa parte das definições adotadas nesta obra provém de estudos de autores como Luiz Beltrão, Lia Seixas e, especialmente, José Marques de Melo.

Para nós, desde o princípio, ficou claro que a definição de um gênero jornalístico se baseia na finalidade, na forma e no conteúdo dos textos a ele relacionados. Isso nos permitiu descrever as classificações e os formatos dos gêneros a partir da informação, da opinião, da interpretação, da diversão e da utilidade. Além disso, essa definição nos garantiu a possibilidade de extrapolar esses gêneros, consagrados pela literatura especializada, para propor novos debates, como a definição de um jornalismo que fale de si mesmo ou que seja baseado no aspecto gráfico.

Nesta obra, tivemos a oportunidade de vislumbrar os limites de cada gênero. Em que momento uma informação pode ser fruto de uma expressão opinativa? Quando os jornais têm filtros que revelam suas percepções de mundo (não publicar uma notícia ou dar menos destaque a ela), faz sentido separar a informação da opinião? As duas questões podem ser respondidas avaliando o papel da imprensa em nossa sociedade. Ela age como um contraponto, mas é cercada por interesses políticos, culturais e econômicos. É preciso que os textos opinativos deixem isso claro para que o leitor possa saber que tipo de informação está lendo.

Outra fronteira frequentemente ultrapassada está no caso da reportagem, que, nos jornalismos informativos, interpretativos e diversionais, diferencia-se por detalhes de estrutura. Quando a reportagem apenas revela um fato, significa que está passando uma informação. Contudo, ao se aprofundar em uma descrição de contexto, utilizar análises e consultar especialistas, ela oferece uma interpretação. Ainda, se for construída para ser apreciada pela qualidade narrativa, prezando mais o estilo do que o conteúdo, pode ser considerada uma forma de entretenimento.

Para jornalistas ou futuros profissionais de jornalismo, reconhecer essas limitações no debate sobre os gêneros jornalísticos não enfraquece a discussão; muito pelo contrário, fortalece-a. Como expressão humana, a organização dos discursos no jornalismo nunca será dada como definitiva. Ao considerar as falhas, também provocamos uma reflexão sobre o tema; e pensar as formas do jornalismo significa refletir, também, nossa maneira de nos expressarmos uns com os outros.

Referências

ALVES FILHO, F. **Gêneros jornalísticos**: notícias e cartas de leitor no ensino fundamental. São Paulo: Cortez, 2011. (Coleção Trabalhando com… na escola, 2).

ANGRIMANI SOBRINHO, D. **Espreme que sai sangue**: um estudo do sensacionalismo na imprensa. São Paulo: Summus, 1995. (Coleção Novas Buscas em Comunicação, v. 47).

ARAÚJO, C. A. A pesquisa norte-americana. In: HOHLFELDT, A.; MARTINO, L. C.; FRANÇA, V. V. (Org.). **Teorias da comunicação**: conceitos, escolas e tendências. Petrópolis: Vozes, 2001. p. 119-130.

ARAUJO, I. "Matrix" explora realidade e simulacro. **Folha de S.Paulo**, 20 maio 2007. Disponível em: <http://www1.folha.uol.com.br/fsp/ilustrad/fq2005200720.htm>. Acesso em: 6 abr. 2018.

ASSIS, F. de. Gênero diversional. In: MARQUES DE MELO, J.; ASSIS, F. de. (Org.). **Gêneros jornalísticos no Brasil**. São Bernardo do Campo: Metodista, 2010. p. 141-162.

BENETT. **Kim Jong-un**. 2016. Disponível em: <http://www.bocamaldita.com/1119823904/1119823904>. Acesso em: 5 abr. 2018.

BENEVIDES, R. Bruce Wayne, o Batman, comprou um carro roubado em São Paulo. In: FUSER, I. (Org.). **A arte da reportagem**. São Paulo: Scritta, 1996. v. I. p. 195-201.

BERGAMO, M. Após taxa, Carlinhos Brown também pode desistir de Carnaval em SP. **Folha de S.Paulo**, 28 jan. 2017. Disponível em: <http://www1.folha.uol.com.br/colunas/monicabergamo/2017/01/1853590-apos-taxa-carlinhos-brown-tambem-pode-desistir-de-carnaval-em-sp.shtml>. Acesso em: 6 abr. 2018.

BERTOCCHI, D. Gêneros no ciberjornalismo. In: MARQUES DE MELO, J.; ASSIS, F. de. (Org.). **Gêneros jornalísticos no Brasil**. São Bernardo do Campo: Metodista, 2010. p. 315-328.

BONNER, W. **Jornal Nacional**: modo de fazer. Rio de Janeiro: Globo, 2009.

BRAGA, J. L. **A sociedade enfrenta sua mídia**: dispositivos sociais de crítica midiática. São Paulo: Paulus, 2006.

BRUM, E. **A vida que ninguém vê**. Porto Alegre: Arquipélago Editorial, 2006.

BUARQUE, C. Filhos de políticos nas escolas públicas. **Superinteressante**, 31 out. 2016. Disponível em: <http://super.abril.com.br/comportamento/filhos-de-politicos-nas-escolas-publicas/>. Acesso em: 6 abr. 2018.

BURKE, P.; BRIGGS, A. **Uma história social da mídia**: de Gutenberg à internet. 2. ed. Rio de Janeiro: J. Zahar, 2006.

CALDAS, E. Adotar o cargo de ombudsman ainda é um desafio para jornais em todo mundo. **Portal Imprensa**, 13 dez. 2013. Disponível em: <http://www.portalimprensa.com.br/noticias/brasil/62809/adotar+o+cargo+de+ombudsman+ainda+e+um+desafio+para+jornais+em+todo+mundo>. Acesso em: 9 abr. 2018.

CAMARGO, P. Como Ziggy Stardust salvou a minha vida. **A Escotilha**, 7 jul. 2015. Disponível em: <http://www.aescotilha.com.br/cronicas/paulo-camargo/como-ziggy-stardust-salvou-minha-vida/>. Acesso em: 6 abr. 2018.

CAMPOS-TOSCANO, A. L. F. **O percurso dos gêneros do discurso publicitário**: uma análise das propagandas da Coca-Cola. São Paulo: Cultura Acadêmica, 2009.

CARVALHO, A. et al. **Reportagem na TV**: como fazer, como produzir, como editar. São Paulo: Contexto, 2010.

CHAPARRO, M. C. **Pragmática do jornalismo**: buscas práticas para uma teoria da ação jornalística. São Paulo: Summus, 1994.

_____. **Sotaques d'aquém e d'além mar**: travessias para uma nova teoria dos gêneros jornalísticos. São Paulo: Summus, 2008.

CHRISTOFOLETTI, R. Ver, olhar, observar. In: CHRISTOFOLETTI, R.; MOTTA, L. G. (Org.). **Observatórios de mídia**: olhares da cidadania. São Paulo: Paulus, 2008. p. 77-94.

COELHO, M. Jornalismo e crítica. In: MARTINS, M. H. (Org.). **Rumos da crítica**. 2. ed. São Paulo: Senac/Itaú Cultural, 2007. p. 83-94.

COELHO, T. **O que é indústria cultural?** 35. ed. São Paulo: Brasiliense, 1993.

COMPROMISSO com o ajuste. **Estadão**, 11 ago. 2016. Disponível em: <http://opiniao.estadao.com.br/noticias/geral,compromisso-com-o-ajuste,10000068532>. Acesso em: 6 abr. 2018.

COSTA, C. T. **Ombudsman**: o relógio de Pascal. 2. ed. São Paulo: Geração Editorial, 2006.

COSTA, L. A. da. Gêneros jornalísticos. In: MARQUES DE MELO, J.; ASSIS, F. de. (Org.). **Gêneros jornalísticos no Brasil**. São Bernardo do Campo: Metodista, 2010. p. 43-84.

COSTA, L. A. da; LUCHT, J. M. P. Gênero interpretativo. In: MARQUES DE MELO, J.; ASSIS, F. de. (Org.). **Gêneros jornalísticos no Brasil**. São Bernardo do Campo: Metodista, 2010. p. 109-123.

COSTA, P. C. O golpe da falsa notícia. **Folha de S.Paulo**, 11 dez. 2016. Disponível em: <http://www1.folha.uol.com.br/colunas/paula-cesarino-costa-ombudsman/2016/12/1840120-o-golpe-da-falsa-noticia.shtml>. Acesso em: 9 abr. 2018.

DINIZ, L. R. Toda mulher quer ser Leila Diniz. **O Pasquim**, 15 nov. 1969. Entrevista. Disponível em: <http://www.omartelo.com/omartelo23/musas.html>. Acesso em: 4 abr. 2018.

DITIRAMBO. In: HOUAISS, A.; VILLAR, M. de S. **Dicionário eletrônico Houaiss da língua portuguesa**. versão 3.0. Rio de Janeiro: Instituto Antônio Houaiss; Objetiva, 2009. 1 CD-ROM.

ESTUDANTES desocupam prédio da UFPR no Jardim Botânico. **Gazeta do Povo**, 23 nov. 2016. Disponível em: <http://www.gazetadopovo.com.br/vida-e-cidadania/estudantes-desocupam-predio-da-ufpr-no-jardim-botanico-c3u4d2t8m8crei5gny8k75nf1>. Acesso em: 5 abr. 2018.

EXCLUSIVO: gravação mostra relação entre Carlinhos Cachoeira e diretor da revista Veja. **R7**, 10 ago. 2012. Disponível em: <http://noticias.r7.com/jornal-da-record/videos/exclusivo-gravacao-mostra-relacao-entre-carlinhos-cachoeira-e-diretor-da-revista-veja-19102015>. Acesso em: 9 abr. 2018.

GENRO FILHO, A. **O segredo da pirâmide**: para uma teoria marxista do jornalismo. 276 f. Dissertação (Mestrado em Sociologia Política) – Universidade Federal de Santa Catarina, Florianópolis, 1987. Disponível em: <http://repositorio.ufsc.br/xmlui/handle/123456789/75390>. Acesso em: 4 abr. 2018.

GIOVANNINI, G. **Evolução na comunicação**: do sílex ao silício. Rio de Janeiro: Nova Fronteira, 1987.

GRIPP, A. et al. Temer afirma ser contra reajuste salarial de ministros do Supremo. **O Globo**, 11 set. 2016. Disponível em: <https://oglobo.globo.com/brasil/temer-afirma-ser-contra-reajuste-salarial-de-ministros-do-supremo-20087301>. Acesso em: 4 abr. 2018.

GURGEL, E. A. Os gêneros jornalísticos na ótica beltraniana. In: MARQUES DE MELO, J.; LAURINDO, R.; ASSIS, F. de (Org.). **Gêneros jornalísticos**: teoria e práxis. Blumenau: Edifurb, 2012. p. 65-80.

JENKINS, H.; GREEN, J.; FORD, S. **Cultura da conexão**: criando valor e significaco por meio da mídia propagável. São Paulo: Aleph, 2014.

JORNALEIRO morre em Cuiabá após ser atropelado por ladrões em fuga. **G1**, 23 jan. 2017. Disponível em: <http://g1.globo.com/mato-grosso/noticia/2017/01/jornaleiro-morre-em-cuiaba-apos-ser-atropelado-por-ladroes-em-fuga.html>. Acesso em: 5 abr. 2018.

KÖNIG, M. **Narrativas de um correspondente de rua**. Curitiba: Pós-Escrito, 2008.

KOVACH, B.; ROSENSTIEL, T. **Os elementos do jornalismo**: o que os jornalistas devem saber e o público exigir. 2. ed. São Paulo: Geração Editorial, 2004.

LAGE, N. **A reportagem**: teoria e técnica de entrevista e pesquisa jornalística. 9. ed. Rio de Janeiro: Record, 2011.

_____. **Estrutura da notícia**. São Paulo: Ática, 1985. (Série Princípios).

LATUFF. [Charge]. 2009. Disponível em: <http://blog.clickgratis.com.br/uploads/l/laricyflor/428272.jpg>. Acesso em: 5 abr. 2018.

LUCHT, J. M. P. Gêneros no radiojornalismo. In: MARQUES DE MELO, J.; ASSIS, F. de. (Org.). **Gêneros jornalísticos no Brasil**. São Bernardo do Campo: Metodista, 2010. p. 269-290.

MARQUES DE MELO, J. Gêneros jornalísticos: conhecimento brasileiro. In: MARQUES DE MELO, J.; ASSIS, F. de. (Org.). **Gêneros jornalísticos no Brasil**. São Bernardo do Campo: Metodista, 2010. p. 23-42.

_____. **Jornalismo opinativo**: gêneros opinativos no jornalismo brasileiro. 3. ed. Campos do Jordão: Mantiqueira, 2003.

_____. Panorama diacrônico dos gêneros jornalísticos. In: MARQUES DE MELO, J.; LAURINDO, R.; ASSIS, F. de. (Org.). **Gêneros jornalísticos**: teoria e práxis. Blumenau: Edifurb, 2012. p. 21-26.

MARTINS, M. Precisamos falar sobre ética na televisão. **A Escotilha**, 22 ago. 2016. Disponível em: <http://www.aescotilha.com.br/cinema-tv/canal-zero/precisamos-falar-sobre-etica-na-televisao/>. Acesso em: 9 abr. 2018.

MEDINA, C. de A. **Entrevista**: o diálogo possível. São Paulo: Ática, 2001.

MORAES, F. **O nascimento de Joicy**: transexualidade, jornalismo e os limites entre repórter e personagem. Porto Alegre: Arquipélago Editorial, 2015, p. 33-35.

MORAIS, F. **Chatô**: o rei do Brasil. São Paulo: Companhia das Letras, 1994.

MOREL, M. Os primeiros passos da palavra impressa. In: MARTINS, A. L.; LUCA, T. R. de. **História da imprensa no Brasil**. São Paulo: Contexto, 2008. p. 23-43.

MOTTA, L. G. Crítica de mídia: da resistência civil ao desenvolvimento humano. In: CHRISTOFOLETTI, R.; MOTTA, L. G. (Org.). **Observatórios de mídia**: olhares da cidadania. São Paulo: Paulus, 2008. p. 19-38.

NOBLAT, R. **A arte de fazer um jornal diário**. 7. ed. São Paulo: Contexto, 2010.

NOTA. In: **Manual da redação da Folha de S.Paulo**. Disponível em: <http://www1.folha.uol.com.br/folha/circulo/manual_edicao_n.htm>. Acesso em: 5 abr. 2018.

O QUE É o cargo de ombudsman? **Folha de S.Paulo**, 23 set. 2014. Disponível em: <http://www1.folha.uol.com.br/ombudsman/2014/09/1520973-o-que-e-o-cargo-de-ombudsman.shtml>. Acesso em: 9 abr. 2018.

OLIVEIRA, M. **Metajornalismo**: quando o jornalismo é sujeito do próprio discurso. Coimbra: Grácio Editor, 2010.

ORTEGA, R. Mídia dos EUA falha do início ao fim da campanha eleitoral. **Folha de S.Paulo**, Mundo, 8 nov. 2016. Disponível em: <http://www1.folha.uol.com.br/mundo/2016/11/1830412-midia-dos-eua-falha-do-inicio-ao-fim-da-campanha-eleitoral.shtml>. Acesso em: 9 abr. 2018.

PEARL, D. **Cidadão do mundo**. São Paulo: Landscape, 2003.

PINTO, A. E. de S. **Jornalismo diário**: reflexões, recomendações, dicas, exercícios. São Paulo: Publifolha, 2009.

RÊGO, A. R.; AMPHILO, M. I. Gênero opinativo. In: MARQUES DE MELO, J.; ASSIS, F. de. (Org.). **Gêneros jornalísticos no Brasil**. São Bernardo do Campo: Metodista, 2010. p. 95-108.

REIS, C. Identificação e classificação dos gêneros jornalísticos no rádio a partir das características radiofônicas. In: MARQUES DE MELO, J.; LAURINDO, R.; ASSIS, F. de. (Org.). **Gêneros jornalísticos**: teoria e práxis. Blumenau: Edifurb, 2012. p. 57-64.

REZENDE, G. J. de. Gêneros no telejornalismo. In: MARQUES DE MELO, J.; ASSIS, F. de. (Org.). **Gêneros jornalísticos no Brasil**. São Bernardo do Campo: Metodista, 2010. p. 291-314.

ROMUALDO, E. C. **Charge jornalística**: intertextualidade e polifonia – um estudo de charges da Folha de S.Paulo. Maringá: Eduem, 2000.

SALOMÃO, V. Gêneros em revistas regionais. In: MARQUES DE MELO, J.; ASSIS, F. de. (Org.). **Gêneros jornalísticos no Brasil**. São Bernardo do Campo: Metodista, 2010. p. 183-224.

SCALZO, M. **Jornalismo de revista**. São Paulo: Contexto, 2011.

SCLIAR, M. Cobrança. **Folha de S.Paulo**, Cotidiano, 24 set. 2001. Disponível em: <http://www1.folha.uol.com.br/fsp/cotidian/ff2409200104.htm>. Acesso em: 6 abr. 2018.

SEIXAS, L. Gêneros jornalísticos: partindo do discurso para chegar à finalidade. In: MARQUES DE MELO, J.; LAURINDO, R.; ASSIS, F. de. (Org.). **Gêneros jornalísticos**: teoria e práxis. Blumenau: Edifurb, 2012. p. 27-45.

SEIXAS, L. **Redefinindo os gêneros jornalísticos**: proposta de novos critérios de classificação. Covilhã: Livros LabCom, 2009. Disponível em: <http://www.livroslabcom.ubi.pt/pdfs/20110818-seixas_classificacao_2009.pdf>. Acesso em: 2 abr. 2018.

SOARES, A. **Gêneros literários**. 7. ed. São Paulo: Ática, 2007. (Série Princípios).

SODRÉ, M.; FERRARI, M. H. **Técnica de reportagem**: notas sobre a narrativa jornalística. 5. ed. São Paulo: Summus, 1986.

SOUSA, J. P. **Elementos de jornalismo impresso**. Porto: [s.n.], 2001. Disponível em: <http://www.bocc.ubi.pt/pag/sousa-jorge-pedro-elementos-de-jornalismo-impresso.pdf>. Acesso em: 12 jul. 2017.

SQUARISI, D. **Manual de redação e estilo para mídias convergentes**. São Paulo: Geração Editorial, 2011.

SQUARISI, D.; SALVADOR, A. **A arte de escrever bem**: um guia para jornalistas e profissionais do texto. São Paulo: Contexto, 2010.

STEPHENS, M. **História das comunicações**: do tantã ao satélite. Rio de Janeiro: Civilização Brasileira, 1993.

TALESE, G. **Fama e anonimato**: o lado oculto de celebridades, a fascinante vida de pessoas desconhecidas e um inusitado perfil de Nova York, por um mestre da reportagem. São Paulo: Companhia das Letras, 2004.

TEIXEIRA, T. **Infografia e jornalismo**: conceitos, análises e perspectivas. Salvador: EDUFBA, 2010. Disponível em: <https://repositorio.ufba.br/ri/handle/ri/20642>. Acesso em: 9 abr. 2018.

TENTATIVA de assalto no Ginásio Pernambucano termina em tiros e perseguição. **Diário de Pernambuco**, Local, 19 out. 2016. Disponível em: <http://www.diariodepernambuco.com.br/app/noticia/vida-urbana/2016/10/19/interna_vidaurbana,670815/tentatiava-de-assalto-tiros-e-perseguicao-em-santo-amaro.shtml>. Acesso em: 5 abr. 2018.

TRESCA, L. C. Gênero informativo. In: MARQUES DE MELO, J.; ASSIS, F. de. (Org.). **Gêneros jornalísticos no Brasil**. São Bernardo do Campo: Metodista, 2010. p. 85-94.

TV é o meio preferido de 63% dos brasileiros para se informar, e internet de 26%, diz pesquisa. **G1**, 24 jan. 2017. Disponível em: <http://g1.globo.com/economia/midia-e-marketing/noticia/tv-e-o-meio-preferido-por-63-dos-brasileiros-para-se-informar-e-internet-por-26-diz-pesquisa.ghtml>. Acesso em: 9 abr. 2018.

VALIM, S. **O gênero telejornalismo literário**: estudos sobre a reportagem literária na TV brasileira. 172 f. Dissertação (Mestrado em Comunicação) – Universidade Federal do Paraná, Curitiba, 2016.

VAN DEURSEN, F. (Ed.). Violência urbana. **Superinteressante**, maio 2014. Disponível em: <https://lh4.googleusercontent.com/-Rvn7Pu6TrAc/VQHBdL8yPNI/AAAAAAAAAkg/p_bRz1kvr_A/w506-h750/violencia-urbana-maio2014-800.jpg>. Acesso em: 9 abr. 2018. [Infográfico].

VAZ, T. C. V. Gênero utilitário. In: MARQUES DE MELO, J.; ASSIS, F. de. (Org.). **Gêneros jornalísticos no Brasil**. São Bernardo do Campo: Metodista, 2010. p. 125-140.

VILLAMÉA, L. Revolução tecnológica e reviravolta política. In: MARTINS, A. L.; LUCA, T. R. de. **História da imprensa no Brasil**. São Paulo: Contexto, 2008. p. 249-267.

WOLFE, T. **Radical chique e o novo jornalismo**. Tradução de José Rubens Siqueira. São Paulo: Companhia das Letras, 2005.

Respostas

Capítulo 1

Questões para revisão

1. Existem várias razões para que um jornal separe o conteúdo informativo do opinativo. Uma delas pode ser uma questão da própria prática da redação, pois isso ajuda na produção dos repórteres. Outra é a orientação do leitor, que entenderá melhor o fato se as duas produções forem escritas separadamente. Podemos afirmar também que essa é uma forma de o jornal garantir mais credibilidade, uma vez que os fatos são relatados de forma objetiva, ao passo que as opiniões são defendidas em espaços especificamente reservados para esse fim.
2. O estudo dos gêneros jornalísticos na academia depende muito do que é adotado pelo mercado. Como o jornalismo é uma profissão que está em constante transformação, aderindo a novos formatos e meios, isso também afeta as pesquisas científicas na área. As produções na internet, particularmente, têm sido estudadas como novidades nessa área.
3. c
4. d
5. a

Capítulo 2

Questões para revisão

1. A notícia representa um relato de um fato, o que geralmente significa que o texto apresenta as principais informações do lide, respondendo às seguintes perguntas: *O quê?*, *Quem?*, *Quando?*, *Como?*, *Onde?* e *Por quê?* O texto noticioso pode se estender para apresentar mais desdobramentos, ao passo que, em tese, a nota apenas resume o que ocorreu. A reportagem, por sua vez, diz respeito a um relato mais amplo, que pode descrever e contextualizar o fato.
2. Na prática da redação, as entrevistas podem ser adotadas como um recurso da apuração ou como um formato de texto. Para escrever uma notícia, por exemplo, um jornalista deve conversar com a fonte e entrevistá-la. Se a fonte tiver relevância, o texto poderá ser escrito seguindo uma estrutura de perguntas e respostas, formato que é chamado de *entrevista pingue-pongue*.
3. a
4. d
5. c

Capítulo 3

Questões para revisão

1. A resenha é composta de uma breve interpretação da obra, em que o autor apresenta o produto, que pode ser um filme ou um livro, por exemplo, e depois o avalia com sua própria opinião. Em razão da presença dessa percepção opinativa, a resenha é considerada um formato do jornalismo de opinião.
2. As colunas são espaços geralmente dedicados a temas ou autores específicos. Isso significa que podem ter diversos tipos de conteúdo, como artigos, crônicas, reportagens, comentários e até notícias.

3. d
4. a
5. d

Capítulo 4

Questões para revisão

1. O jornalismo literário é um tipo de produção cujo objetivo formal não é informar, emitir opinião ou interpretar. Os textos que se encaixam nesse formato são produzidos para ser apreciados. O leitor potencial de uma reportagem literária é alguém com tempo, que gosta do estilo e opta por ler algo que possa entretê-lo ou diverti-lo.
2. O jornalismo utilitário é uma produção de texto que privilegia informações de serviço e utilidade para o leitor. Alguns exemplos práticos são os indicadores econômicos, como o preço de câmbio de moedas estrangeiras, a meteorologia, o roteiro cultural, bem como outras informações que possam ser importantes para o dia a dia do leitor.
3. c
4. d
5. c

Capítulo 5

Questões para revisão

1. Em tese, é possível afirmar que as mídias digitais concentram os mesmos gêneros que os meios impressos, pois muitos conteúdos dessas plataformas migraram para a internet. O problema é que a produção de textos multimídias, recheados de *hiperlinks*, possibilita a existência de novos formatos, como a webreportagem, por exemplo.

2. Uma mídia tem uma linguagem própria, que pode ter mais recursos além do texto e exigir um nível de interatividade e atenção completamente distinto de outras. Por conta disso, os conteúdos jornalísticos acabam se adaptando às limitações e possibilidades dos novos formatos e gêneros.
3. d
4. d
5. a

Capítulo 6

Questões para revisão

1. O *ombudsman* é um espaço de crítica interna do jornal e do jornalismo. Geralmente, é assinado por um jornalista de renome e experiente, que tem total liberdade para discutir o que é publicado no veículo. Serve como um controle de qualidade. De origem norte-americana, apenas dois jornais no Brasil adotam esse tipo de conteúdo atualmente.
2. A charge de Latuff é um desses casos em que o conteúdo pode integrar um ou mais gêneros, pois se trata de uma produção gráfica. Por outro lado, também é um espaço de opinião, uma vez que o cartunista evidentemente passa uma mensagem crítica sobre a sociedade e a violência no Rio de Janeiro.
3. a
4. c
5. c

Sobre o autor

Rodolfo Stancki Silva é doutorando em Tecnologia pela Universidade Tecnológica Federal do Paraná (UTFPR), mestre em Ciências Sociais Aplicadas pela Universidade Estadual de Ponta Grossa (UEPG) e graduado em Jornalismo pelo UniBrasil Centro Universitário. É autor do livro *Sociedade brasileira contemporânea*, lançado pela Editora InterSaberes. Atualmente, atua como professor de Jornalismo no UniBrasil Centro Universitário e escreve sobre cinema para o portal de jornalismo cultural *A Escotilha*.

Os papéis utilizados neste livro, certificados por instituições ambientais competentes, são recicláveis, provenientes de fontes renováveis e, portanto, um meio responsável e natural de informação e conhecimento.

FSC
www.fsc.org
MISTO
Papel produzido
a partir de
fontes responsáveis
FSC® C103535

Impressão: Reproset
Julho/2020